AF453876

PETITE
ACADÉMIE
DES JEUX.

PETITE
ACADÉMIE
DES JEUX,

Contenant les Règles des principaux Jeux de cartes qui se jouent en Société;

Avec la manière de les bien jouer, et les décisions des meilleurs Joueurs.

NOUVELLE ÉDITION,

Augmentée des Règles du Jeu de Loto et de Domino.

A ROUEN,

Chez LECRÊNE-LABBEY, Imp.-Libraire,
Grande-Rue, n⁰ 7.

PETITE
ACADÉMIE
DES JEUX.

LE PIQUET.

CHAPITRE PREMIER.

Idée générale du Jeu de Piquet.

1. On ne joue ordinairement que deux au Piquet, et le jeu ne doit être composé que de trente-deux cartes, qui sont l'as, le roi, la dame, le valet, le dix, le neuf, le huit et le sept de chaque couleur. On observe que les cartes sont indiquées ci-dessus suivant leur valeur ; les as étant toujours au-dessus des rois, les rois des dames, les dames des valets, etc

2. Toutes les cartes valent les points qu'elles marquent, excepté l'as qui vaut onze, et qui emporte toujours les rois et autres cartes, pourvu qu'il soit de même couleur ; chaque figure vaut dix points.

5. Quand on est convenu de ce qu'on veut jouer, et en combien de points on jouera, on voit à qui mêlera le premier : celui qui a tiré la plus basse carte doit donc mêler et donner les cartes le premier ; il les prend à cet effet, les mêle autant qu'il juge à propos, puis les présente à son adverse partie, qui peut les mêler, si elle veut, à son tour : en ce cas, celui qui est à donner les cartes, doit les mêler une seconde fois, et présenter à couper à son adversaire, qui doit pour lors les couper nettement ; car celui qui les éparpillerait ou n'en couperait qu'une, serait obligé de recommencer après que celui qui est à donner aurait rebattu les cartes. Cela fait, celui qui donne met les cartes de dessous dessus, puis les distribue deux à deux, ou trois à trois ; cela dépend de son caprice, et ce sont les deux nombres ordinaires ; mais jamais une à une, ni au dessus de trois.

4. Il faut continuer dans tout le cours de la partie par le nombre qu'on a commencé ; car, si par fantaisie, on venait à vouloir changer la donne, il ne serait pas permis, à moins que d'avoir averti avant que de mêler, en disant : je donnerai par deux ou par trois.

5. On donne donc les cartes jusqu'à ce

que les joueurs en aient eu chacun douze , de manière qu'il n'en reste plus que huit en la main de celui qui donne , et qu'il doit poser sur le tapis , vis-à-vis de son adversaire et de lui ; ces huit cartes sont appelées *talon*.

6. Avant que de passer plus loin , pour donner une idée générale du jeu dans ce chapitre , comme nous nous le sommes proposés , il est à propos de faire remarquer que si celui qui donne les cartes , au lieu de n'en donner que douze à son adversaire , lui en donne treize , ou les prend pour lui , il est libre à celui qui a la main , c'est-à-dire à celui qui n'a point mêlé , de se tenir au jeu , ou de faire refaire , rendant en ce cas le coup nul ; mais s'il s'y tient lorsqu'il a treize cartes , il doit laisser les trois cartes au dernier , c'est-à-dire , que le talon n'étant pour lors que de sept , il ne peut en prendre au plus que quatre , et moins s'il veut , par la raison que nous en donnerons ci-après ; et si le dernier a treize cartes , il en écarte trois , et n'en prend que deux ; et si l'un des joueurs se trouvoit avoir quatorze cartes , n'importe lequel , il faut refaire.

7. Vous remarquerez que , lorsque dans le talon il y a une carte tournée , soit que le talon soit de sept à huit cartes , pourvu

que le coup se joue, le coup sera bon, si la carte tournée n'est pas celle qui est au dessus du talon, ou la première des trois que doit prendre le dernier ; parce qu'en ce cas la carte étant vue des deux joueurs, on doit refaire nécessairement, à cause que si on le laissoit à la volonté de celui à qui elle va de droit, il auroit l'avantage de s'y tenir s'il avoit beau jeu, et de refaire s'il l'avoit mauvais ; ce qui ne seroit pas juste, n'y ayant point ici de faute à punir.

8. Vous remarquerez encore que la sévérité que l'on a dans certaines provinces, comme dans le Languedoc et dans la Provence, de condamner au grand coup, c'est-à-dire, à perdre cent soixante - dix points, pour avoir tourné ou vu une ou plusieurs cartes du talon de son adversaire, est fort injuste, et n'est point d'usage parmi les gens qui jouent bien le Piquet ; le joueur qui tourne ou voit plusieurs cartes du talon de son adversaire, est condamné à jouer telle couleur que celui-ci voudra s'il est premier à jouer.

9. Il est à propos, pour l'intelligence de ce jeu, d'expliquer ce que c'est que *Hasard*. Il y a dans ce jeu trois sortes de hasards, qu'on appelle *repic*, *pic* et *capot*.

10. Le *Repic* a lieu lorsque dans son jeu,

sans que l'adversaire puisse rien compter ,
ou du moins ne parle pas, l'on compte jusqu'à trente points ; en ce cas , au lieu de
dire trente , on dit quatre-vingt-dix, et au
dessus, à mesure qu'il y a des points à
compter au dessus de trente.

11. Le *Pic* a lieu lorsqu'ayant compté
un certain nombre de points, sans que l'adversaire ait rien compté, l'on va en jouant
jusqu'à trente, auquel cas, au lieu de dire
trente , l'on compte soixante ; et l'on continue de compter les points que l'on fait
par-dessus.

12. Le *Capot* , c'est lorsque l'un des deux
fait toutes les levées ; il compte pour cela
quarante points , au lieu que celui qui gagne seulement les cartes, compte dix points
pour les cartes. C'est fort mal à propos que
certains joueurs prétendent que l'on ne sauroit faire tout les hazards en un seul coup ;
tous conviennent qu'on peut joindre le capot au pic et au repic ; ce qui arrive assez
ordinairement ; et les gens qui se vantent de
bien savoir le jeu, conviennent , comme
moi, que, par cette même raison, l'on peut
faire les trois hasards en un seul coup : en
voici l'exemple. Je suppose qu'un des
joueurs ait les quatre tierces majeures , et
que son point soit bon : s'il est premier
à jouer il entrera par quatre du point , et

douze de tierces majeures c'est 16; 16 et
14 d'as, c'est 90; 90 et 28 des deux quatorze
de rois et de dames feront cent dix-huit;
et en jouant ses cartes, il ira à cent soixan-
te-un, qui joints au quarante pour le capot, feront deux cent un point d'un coup.
Ce coup est si rare, qu'il n'est peut être jamais arrivé; mais il est de la justice qu'il
vaille de la sorte, s'il arrive jamais.

13. Observez que lorsque la tierce majeure est bonne pour le point, elle vaut
quatre; et quand même elle ne seroit comp-
tée que pour trois de point, les trois hasards y seroient encore.

14. Il faut remarquer que pour faire
pic, c'est-à-dire, pour compter soixante
au lieu de trente, il faut être premier; car
si vous n'êtes pas premier, et que le premier jette une carte qui marque, il comp-
tera un; et vous, quand vous auriez compté dans votre jeu vingt-neuf, si vous levez
la carte jetée, vous ne compterez cependant que trente, à moins que celui qui
joue le premier ne jetât une carte qui ne
comptât point, comme un neuf, un huit,
un sept; auquel cas, après avoir levé cette
main vous pouvez continuer de jouer votre jeu jusqu'à trente, et compter soixante,
le hasard étant bien fait.

15. L'on doit condamner ici la sévérité

qu'on a en Provence et en Languedoc, à l'égard du pic : un joueur qui, au lieu de dire soixante, ne diroit que trente, ne sauroit y revenir, et ne compte absolument que trente ; au lieu que dans tout le reste du monde il en revient, et jamais les joueurs ne doivent se faire de ces difficultés, n'y ayant rien qui oblige à cette sévérité ; la distraction de celui qui compte trente au lieu de soixante, ne pouvant être qu'à son préjudice, il pourra donc y revenir jusqu'à ce que l'on ait coupé pour le coup suivant.

16. Il faut remarquer encore que, lorsque les deux parties sont fort avancées, les cartes blanches qui valent dix points, sont premièrement comptées, ensuite le point, les tierces, quatrièmes, cinquièmes, etc. ; viennent ensuite, après cela, les points que l'on compte en jouant : et enfin les dix points de cartes, ou les quarante de capot.

CHAPITRE II.

De la manière dont se doit faire l'Écart, et ce que c'est que cartes blanches.

1. Lorsque chacun a les douze cartes qui composent son jeu, il les examine, et doit,

pour mieux les connoître , arranger ses couleurs , c'est-à-dire les cœurs avec les cœurs , les piques avec les piques , et ainsi des autres.

2. Ce qu'il doit d'abord considérer, c'est s'il a cartes blanches, c'est à-dire, s'il n'a point de peintures dans son jeu ; les peintures sont les rois , les dames et les valets : enfin, si l'un des deux joueurs se trouvoit avoir cartes blanches, après que l'autre a fait son écart, il les étale sur le tapis en les comptant l'une après l'autre , et les cartes blanches lui valent dix points , qui sont comptés avant le point même, et qui servent à faire le pic et le répic, et à les parer.

3. Le jeu ayant été ainsi examiné , et qu'un des joueurs ait cartes blanches ou non , celui qui est le premier à prendre fait son écart, c'est-à-dire qu'il choisit dans son jeu les cinq cartes qui lui semblent les moins nécessaires pour en reprendre autant du talon.

4. Observez qu'il ne peut point en prendre plus de cinq , mais bien moins , puisqu'il peut n'en prendre qu'une s'il veut, ou trois, ou deux, ou quatre ; il est pour lors en droit de voir les cartes qu'il laisse , et qu'il pourroit prendre.

5. Si l'on avoit laissé des cartes à celui qui en prend en dernier, et qu'il ne veuille

point prendre toutes celles qui lui restent, il peut n'en prendre qu'une, étant
obligé, ainsi que le premier, d'en prendre pour le moins une ; s'il en laisse, il
peut les voir, et le premier a droit de les
voir aussi en accusant la couleur dont il
commencera à jouer, et par laquelle il est
obligé de jouer ; et si le dernier ayant laissé
des cartes il les avoit mêlées avec celles de
son écart, le premier est en droit de voir
son écart, en disant la couleur dont il
jouera en entrant au jeu.

6. Si par malice ou par mégarde celui
qui a dit : je commencerai par telle couleur, commençoit par une autre, il seroit
libre au dernier de le faire commencer par
telle couleur qu'il voudroit.

7. Comme ces règles sont plutôt faites
pour les commençans que pour les maîtres,
ils ne seront pas fâchés qu'on leur apprenne
en passant la manière dont il convient de
faire les écarts et le but que l'on doit avoir
en les faisant.

8. En faisant l'écart, le but des grands
joueurs est de gagner les cartes et d'avoir
le point ; ce qui les oblige à porter ordinairement la couleur dont ils ont le plus,
ou bien dont ils sont plus forts ; car il con-
viendroit de préférer quarante-un à quarante-quatre d'une autre où la quinte ne

seroit point faite , quelquefois même la quinte y étant, étant plus avantageux d'avoir ces quarante-un, où une seule carte peut faire une quinte majeure ou le point, et servir à gagner les cartes ; ce qui ne pourroit se faire en portant les quarante-quatre , à moins qu'il n'y eût une rentrée extraordinaire.

9. Il faut observer que si l'on joue pour un grand coup , il faut jouer différemment que lorsqu'on joue pour un petit coup, parce que l'on s'abandonne , pour le grand coup , absolument à la rentrée , qui est fort incertaine, au lieu que, pour un petit coup, l'on porte un jeu que la rentrée quelle qu'elle soit , doit rendre meilleur et suffisant pour le faire , à moins que ce ne fussent absolument les cartes les plus opposées au jeu , ou de moindre valeur.

10. Il faut encore en écartant , tirer à se faire des quatorze ; on appelle quatorze , quatre as , quatre rois, quatre dames , quatre valets , ou quatre dix ; et à la faveur du quatorze d'as on en peut compter un bien plus bas , comme celui de dix , par exemple , quoique l'adversaire en eût un de rois , de dames ou de valets , parce que le quatorze le plus fort annulle le moindre ; et comme l'on compte , au défaut des quatorze , trois as , trois rois , trois da-

mes et trois valets, ou trois dix, il est ên-
core bon d'y tirer : vous observerez que
trois as valent mieux que trois rois, que
le moindre quatorze empêche trois as,
et ainsi des autres; et qu'à la faveur d'un
quatorze, on compte non-seulement d'autres quatorze moindres, mais encore trois
dix ou autres trois, pourvu que ce ne soit
point de neuf, de huit, ou de sept, encore que l'adversaire eût trois d'une valeur
au-dessus. Le moindre usage rendra fami-
lière cette règle, qui semble d'abord une
des plus difficiles du jeu.

11. Vous observerez la même chose à l'é-
gard des huitièmes, septièmes, sixièmes,
quintes, quatrièmes et tierces, auxquelles un
joueur qui fait son écart doit avoir égard
pour tâcher de s'en procurer par sa rentrée, étant ce qu'il y a de plus beau au
jeu ; vous en trouverez la valeur et le nom
dans le chapitre suivant; ce qui servira à
faire connoître aux joueurs qui ne sont pas
bien au fait de ce jeu, ce qui convient
mieux de porter.

CHAPITRE III.

Ce que c'est que le Point, les Tierces, Quatrièmes, Quintes, Sixièmes, Septièmes et Huitièmes.

1. Le point, c'est un nombre de cartes d'une même couleur que l'on a dans son jeu, et dont on assemble les points pour les accuser : vous observerez, pour compter le point, que l'as vaut onze, les figures dix chacune, et les autres cartes autant de points qu'elles en marquent, c'est-à-dire un dix, 10. le neuf, 9, etc.

2. Le point étant assemblé, le premier à jouer l'accuse, c'est-à-dire, dit le point qu'il a, et demande à son adversaire s'il est bon : si l'adversaire n'en a pas autant, il dit qu'il est bon : s'il en a autant, il dit qu'il est égal ; et s'il en a plus, il dit qu'il ne vaut pas. Enfin, que le point accusé soit bon ou non, celui qui a le plus fort compte autant de points qu'il a de cartes ; à moins que, par exemple, ayant six cartes de point qui ne feroient que cinquante-quatre, dans ce cas, ces six cartes ne doivent être comptées que pour cinq, au lieu que s'il avoit cinquante-cinq, elles en vaudroient six, et ainsi de soixante - quatre et qua-

rante - quatre, qui ne valent qu'en proportion des dixaines : chaque cinquième
point comptant pour sa dixaine, trente-
cinq point valent autant pour le point que
quarante-quatre, étant comptés l'un et
l'autre pour quatre ; mais c'est celui qui
a le plus haut point en main qui les compte ; et si le point est égal, personne ne
doit le compter. Il en est de même lorsque les deux joueurs ont les mêmes tierces,
quatrièmes et cinquièmes, ou quintes, etc.
à moins que par une quinte, quatrième
ou tierce supérieure, il ne rende bonnes
les tierces quatrièmes ou quintes inférieures
qui pourroient être égales à celles de son
adversaire.

Les Tierces.

3. Il y a six sortes de tierces : la première, que l'on appelle majeure, est composée d'un as, d'un roi et d'une dame ;
la seconde, nommée tierce au roi, est
composée d'un roi, une dame et un valet ;
la troisième dite à la dame, est composée
d'une dame, un valet et un dix ; la quatrième, au valet, est composée d'un valet,
un dix et un neuf ; la cinquième, au dix,
est composée d'un dix, un neuf et un huit ;
la sixième, qu'on appelle tierce basse ou
fine, est composée d'un neuf, un huit et

un sept. Vous observerez qu'il faut pour faire une tierce, une quatrième, une quinte, une sixième, etc., que toutes les cartes soient d'une même couleur, soit en carreau, en trefle, en cœur, où en pique.

Les Quatrièmes.

4. Il y a cinq sortes de quatrièmes : la première, qu'on appelle majeure, est composée d'un as, un roi, une dame et un valet; la seconde, qu'on appelle quatrième au roi, se compose d'un roi, une dame, un valet et un dix; la troisième, à la dame, est composée d'une dame, un valet, un dix et un neuf; la quatrième, au valet, est composée d'un valet, un dix, un neuf et un huit; et la cinquième, dite quatrième basse, se compose d'un dix, un neuf, un huit et un sept.

Les Quintes ou les Cinquièmes.

5. Il y a quatre sortes de quintes : la première, dite quinte majeure, se compose d'un as, un roi, une dame, un valet et un dix; la seconde, nommée quinte au roi, est composée d'un roi, d'une dame, un valet, un dix et un neuf; la troisième, dite à la dame, est composée d'une dame, un valet, un dix, un neuf et un huit; et la quatrième, dite basse au valet, se forme

d'un valet, un dix, un neuf, un huit et un sept.

Les Sixièmes.

6. Il y a trois sortes de sixièmes : la première, dite majeure, est composée d'un as, un roi, une dame, un valet, un dix et un neuf; la seconde, dite au roi, est composée d'un roi, une dame, un valet, un dix, un neuf et un huit; et la troisième, à la dame, se compose d'une dame, un valet, un dix, un neuf, un huit et un sept.

Les Septièmes.

7. Il y a deux sortes de septièmes : la première, appelée majeure, est formée d'un as, un roi, une dame, un valet, un dix, un neuf et un huit; la seconde, dite au roi, se compose d'un roi, une dame, un valet, un dix, un neuf, un huit et un sept.

Les Huitièmes.

8. Il n'y a qu'une sorte de huitième, qui est composée des huit cartes d'une même couleur, depuis l'as jusqu'au sept.

Voilà à quoi il est bon de viser en faisant son écart, étant de l'avantage d'un joueur d'en avoir; car une bonne tierce vaut, à celui qui compte, trois points; une quatrième, quatre; une cinquième ou quinte, quinze; une sixième, seize; une septième, dix-sept ; une huitième, dix-huit , outre les points qui sont accordés pour le point. Par exemple , un joueur qui auroit une quinte majeure dont le point seroit bon , compteroit quinze pour la quinte et cinq pour le point, ce qui feroit vingt ; ainsi de la quatrième pour laquelle on compteroit quatre , et quatre pour le point s'il étoit bon , ce qui feroit huit : la même chose se fera à l'égard des sixièmes, septièmes et huitièmes.

9. Vous remarquerez encore, quoiqu'on l'ait déjà dit ci-devant, que celui qui a la plus haute tierce, quatrième, quinte, etc., annulle toutes celles inférieures. Par exemple , une tierce majeure annulle une tierce au roi qu'auroit l'adversaire ; et ainsi des quatrièmes, quintes , sixièmes, septièmes, en observant que la moindre quatrième annulle la plus haute tierce, la moindre quinte la plus haute quatrième, la moindre sixième la plus haute quinte , et la moindre septième la plus haute sixième : une huitième annulle toutes espèces de sequences.

10. Observez que toutes ces tierces , quatrièmes, quintes, sixièmes, septièmes , et huitièmes, sont des séquences : observez en même temps, comme on l'a déjà dit, qu'à la faveur d'une bonne tierce, quatrième, quinte, etc., l'on fait passer les moin-

dres tierces, encore que l'adversaire en eût
de plus fortes, et l'on accumule par là les
points qu'elles font, le jeu de l'adversaire
étant annullé par la séquence supérieure;
et s'il y a égalité dans la plus haute séquence entre les deux joueurs, celui qui
en auroit plusieurs autres de même force
ou moindres, n'en compteroit pour cela pas
une, la plus noble étant égale.

Il me semble qu'on a expliqué suffisamment toutes les séquences. Voyons maintenant l'ordre que l'on doit observer en comptant le jeu et la manière de jouer les cartes.

CHAPITRE IV.

*De l'ordre que l'on doit tenir en comp-
tant son jeu, et la manière de jouer les
Cartes.*

1. Après que chacun des joueurs a
pris du talon les cartes qu'il y doit prendre, il doit assembler son jeu pour y voir
ce qu'il a à compter. Il doit commencer
par ramasser la couleur dont il a le
plus grand nombre, pour composer son
point, et l'accuser; et si le dernier en a
davantage dans son jeu, il dit : Il ne vaut
pas; s'il en a autant, il dit : Il est égal;
s'il en a moins, il répond qu'il est bon. Après

avoir compté le point, il doit examiner s'il n'a pas de tierces, quatrièmes, quintes, etc., afin de compter autant de points, si ce qu'il en a n'est point défendu par l'adversaire.

2. Vous observerez que le point, les tierces, quatrièmes, quintes, etc., doivent être mises sur table, afin qu'on puisse en compter la valeur : car si un des joueurs, qui auroit accusé le point, ou des tierces, quatrièmes, quintes, etc., qu'on lui auroit dit valoir, oublioit de les montrer et jouoit sans les avoir comptés, il ne pourroit plus y revenir; son adversaire compteroit son point, encore qu'il fût moindre, et ses tierces, quatrièmes, quintes, etc., quoiqu'elles fussent plus basses, pourvu néanmoins qu'il les montrât lui-même avant de jeter sa première carte; sans quoi, c'est-à-dire, s'il l'avoit jetée, il ne seroit plus temps d'y revenir, et alors ils ne compteroient ni l'un ni l'autre.

Après avoir examiné et compté les tierces, quatrièmes, quintes, etc., il faut examiner si l'on a des quatorze : les quatorze sont quatre as, quatre rois, quatre dames, quatre valets ou quatre dix, comme il a déjà été dit; un quatorze bon est compté pour quatorze points ; le supérieur annulle l'inférieur, et fait que l'on peut en sa fa-

veur compter trois as, trois rois, trois dames, etc.

3. S'il n'y a point de quatorze dans le
jeu, on cherche à compter trois as, trois
rois, trois dames, trois valets, ou enfin
trois dix, les plus hautes annulant toujours les inférieures.

4. Après donc que chacun a examiné son
jeu, et vu, par les interrogations faites,
ce qu'il a de bon dans son jeu, le premier
commence à le compter; la première chose
qu'il compte, ce sont les cartes blanches,
qui valent dix points; s'il les a, il commence
alors en disant : dix de cartes blanches valent dix ; et s'il a le point, il l'étale et compte;
s'il a cinquante en points, dix et cinq pour
le point font quinze; s'il a ensuite une
quatrième bonne, il l'étale également et
ajoute quatre points à quinze, qui font
dix-neuf; s'il a en outre un quatorze, ou
trois as, ou trois de quelque autre chose
qui soit bon, il les ajoute encore; et après
avoir compté tout son jeu, il joue une carte,
en comptant un point pour la carte qu'il
joue; si elle est un as, un roi, une dame,
un valet ou un dix, qui sont les seules cartes marquantes.

5. Après que le premier a joué sa carte,
le dernier, avant que de jouer, montre
son point, s'il l'a bon, ses tierces, qua-

trièmes ou quintes, etc., ses cartes blanches s'il les a; et après avoir additionné
tout ce qu'il a à compter, il lève la carte
que le premier a jouée, s'il le peut, ou
bien fournit de la couleur, s'il ne peut point
lever; et lorsqu'il prend la levée, il joue
par telle couleur qu'il veut.

6. L'on observe que comme il n'y a point
de surprise au jeu de Piquet, celui qui
en jouant ses cartes change de couleur,
doit nommer la couleur dont il joue; faute
de quoi, celui qui auroit fourni, croyant
qu'il continuoit à jouer de la couleur dont
il jouoit auparavant, seroit en droit de reprendre sa carte jetée, quand même elle
seroit de la couleur jouée.

7. A l'égard de la manière de jouer les
cartes, comme il faut que ce soit l'usage
qui enseigne le mode le plus avantageux
de les jouer, on se contentera d'en dire
deux mots en général.

8. Il est certain que c'est principalement
à la manière de jouer les cartes que l'on
connoît un bon joueur d'avec celui qui ne
l'est pas; et il n'est pas possible de les bien
jouer, que l'on ne connoisse la force du
jeu; c'est-à-dire, par le jeu que l'on a,
l'on doit connoître ce que l'adversaire peut
avoir, et ce qu'il doit avoir écarté, en fai-

sant encore attention à ce qu'il montre de son jeu , et à ce qu'il compte.

9. Le principal but du joueur en jouant ses cartes, étoit être, en premier lieu, de les gagner, en second, de faire davantage de points , et empêcher l'adversaire d'en faire ; mais le principal objet est de faire les cartes , qui valent dix à celui qui les gagne.

10. L'on dira, en faveur de ceux qui n'ont aucune teinture du jeu de Piquet, qu'il n'y a point de triomphe au Piquet, mais que ce sont les meilleures cartes de la couleur jouée qui font les levées; car, par exemple , si l'on jouoit le roi de treffle, et que vous en eussiez l'as , vous leveriez la main; au lieu que s'il n'en étoit que le sept et que vous n'eussiez pas de la couleur, encore que vous jouassiez une carte de plus de valeur dans une autre couleur, la levée iroit à celui qui auroit joué le sept.

11. Si, par mégarde , celui qui fournit sur la carte jouée, ne donnoit pas de la couleur que son adversaire jette , s'il en avoit, quoique sa carte fût sur le tapis, il lui seroit permis de la relever pour en fournir, sans qu'il en coûte pour cela aucune peine.

Un premier quelquefois aura le malheur que son point, ses quintes, ses quatrièmes, ses tierces et autres choses qu'il pourroit avoir, ne lui vaudroient rien ; alors il commencera par compter un, en jetant telle carte de son jeu qu'il jugera à propos, et il continuera à jouer jusqu'à ce que son adversaire ait joué une carte plus haute que la sienne.

12. Celui qui est second en cartes, avant de jouer comme il a déjà été dit, compte tout ce qu'il a à compter dans son jeu ; et lorsqu'en jouant les cartes il fait la levée, il rejoue par telle couleur qu'il veut ; ils jouent l'un et l'autre de la sorte jusqu'à ce que leurs douze cartes soient jetées ; celui qui fait la dernière levée compte deux points, si la carte qu'il joue est une carte qui marque, et un, si elle ne marque pas.

13. Chacun compte ensuite ses levées, et celui qui en a le plus compte dix pour les cartes ; mais lorsqu'elles sont égales, elles ne sont comptées de part ni d'autre.

14. Le coup n'est pas plutôt fini, que chacun doit marquer de suite ce qu'il a de points. L'usage est de se servir d'une carte coupée sur les quatre faces. D'un côté sont quatre coupures pour les unités, et une cinquième à l'extrémité de la carte pour écrire le nombre cinq. De l'autre, il y a également quatre coupures pour les dixaines, et une cinquième aussi à l'extrémité pour marquer le nombre cinquante. On re-

commence après à mêler les cartes , on les fait couper et on les donne de la même manière indiquée ci-dessus.

15. Chacun fait tour à tour au Piquet , supposé qu'on ne finît pas la partie d'un seul coup.

16. Lorsqu'on recommence une autre partie , si celui qui a perdu veut jouer, on coupe pour savoir qui fera le premier, et de la manière que l'on a déjà dit , à moins qu'on ne soit convenu au commencement du jeu que la main suivroit.

17. Dans l'un et l'autre cas , on continue alternativement à donner ; il est libre à chacun des deux joueurs de ne plus jouer lorsque la partie est achevée; mais non pas dans le cours de la partie , à moins que de payer ce que l'on joue.

CHAPITRE V.

De la manière de jouer le Piquet , des difficultés qui peuvent se présenter et des décisions auxquelles elles ont donné lieu.

1. S'il se trouve que l'un des joueurs ait plus de cartes qu'il ne faut, si le nombre n'en excède pas treize , il est au choix de celui qui a la main de refaire ou de jouer,

selon qu'il se trouve avantageux à son jeu ; et lorsqu'il y a quatorze cartes ou plus, l'on refait nécessairement.

La raison qui fait décider ce coup de la sorte, est que lorsqu'il y a treize cartes à l'un des deux jeux, c'est par la faute de celui qui a mêlé ; c'est pourquoi, s'il y a une peine, c'est à lui de la subir : c'est une règle généralement reçue.

2. Si celui qui est le premier a treize cartes au jeu de douze, et qu'il veuille jouer et ne point refaire, il le peut, mais il doit en écarter une de plus qu'il n'en prend, étant obligé de laisser au dernier ses trois cartes ; au contraire, si celui qui donne en a pris treize, il est encore au choix du premier de refaire ou de jouer ; il prend dans ce second cas autant de cartes qu'il en prendroit si le talon n'étoit pas faux ; et le dernier qui a treize cartes, en écarte trois et n'en prend que deux, pour faire le nombre de douze qu'il doit avoir : tout cela doit se faire en s'en avertissant l'un et l'autre, et avant d'avoir vu les cartes que l'on prend ; car après cela l'on n'y est point reçu, et il faut que le jeu se joue comme il se trouve, aux peines que doivent porter ceux qui ont trop de cartes, c'est à-dire de ne rien compter.

La justice qui est rendue au premier,

lorsqu'on lui laisse le choix de jouer le coup ou de refaire, engage en même temps à faire laisser sa légitime au dernier, lorsqu'il n'a pas treize cartes, et lorsqu'il en a treize, à l'obliger d'en écarter trois, pour n'en prendre que deux, afin de n'avoir pas au-delà des douze cartes qui doivent composer son jeu : il ne peut du reste avoir plus de douze cartes que par sa faute, qui sera punie à la rigueur si le cas arrive. Cette règle est aussi généralement reçue.

3. Qui prend plus de cartes qu'il n'en a écarté, ou se trouve en jouant en avoir plus qu'il ne faut, ne compte rien du tout, ni ne peut empêcher son adversaire de compter tout ce qu'il a dans son jeu, encore que ce qu'il a fût beaucoup inférieur au jeu de celui qui a treize cartes ou davantage. La rigidité de cette règle est fondée sur la justice, puisque souvent une carte suffit dans un jeu pour faire valoir et abattre. Elle est reçue de tous les joueurs de Piquet qui se piquent de savoir le jeu.

4. Qui prend moins de cartes, ou s'en trouve moins, peut compter tout ce qu'il a dans son jeu, n'y ayant point de faute à jouer avec moins de cartes ; mais son adversaire compte toujours la dernière, attendu qu'il ne fournit point, et par conséquent il ne sauroit être capot ; au lieu

que celui qui a le moins de cartes le seroit, si son adversaire faisoit les onze premières levées, n'ayant point de quoi tournir à la douzième.

Il semble d'abord que l'on soit moins rigide sur cette règle que sur la précédente ; cependant, si l'on examine bien que celui qui n'a que onze cartes ou moins ne préjudicie qu'à lui-même, on le trouvera suffisamment puni de risquer le capot, sans pouvoir le faire. Tous les joueurs admettent cette règle de la sorte.

5. Qui commence à jouer et oublie de compter cartes blanches, le point ou les as, rois, dames, etc., ou les tierces, quatrièmes, quintes, etc. qu'il peut avoir de bonnes dans son jeu, n'est plus reçu à les compter après, et tout cet avantage devient nul pour lui.

Cette règle est rigide en ce qu'il semble n'y avoir point de mauvaise foi ; mais l'on conviendra que celui qui oublie de compter son jeu faisant une faute, il est juste qu'il en soit puni. Cette règle est admise.

6. Lorsqu'avant de jeter la première carte, on ne montre pas le point qu'on a de plus que son adversaire, ou quelque tierce, quatrième, etc., on ne peut plus y revenir, et on les perd. En ce cas, le premier à qui l'on auroit dit que son point

ne vaut pas ou ses tierces, etc., ou trois de quelque autre chose, est en droit, pourvu qu'il ne joue pas sa seconde carte, de compter son jeu, qu'on lui auroit dit ne pas valoir, et qu'on n'auroit point montré ou accusé.

C'est avec justice que l'on admet à revenir pour compter son jeu, celui à qui on auroit dit que son jeu n'étoit pas bon, puisqu'il ne le montre pas sur la parole de l'adversaire, lequel étant de mauvaise foi, pourroit toujours dire, ne vaut pas; au hazard qu'on oublieroit de le montrer auparavant de jouer. Tous les joueurs sont d'accord sur cette règle.

7. L'on doit continuer à donner de la même manière que l'on a commencé, soit par deux ou trois, pendant toute la partie, à moins qu'auparavant de mêler, l'on avertisse que l'on peut changer de manière sans avertir en commençant chaque partie.

La raison de cette règle est plausible, puisqu'un joueur qui connoîtroit les cartes, et qui verroit que la troisième ou quatrième seroient bonnes, donneroit par deux ou trois, cherchant par là son avantage. Elle est reçue de tous les joueurs, et fort bien établie pour prévenir jusqu'aux moindres abus.

8. Il n'est pas permis d'écarter à deux fois, c'est-à-dire que, du moment que l'on a touché le talon, après avoir écarté tel nombre de cartes qu'on a jugé à propos, on ne peut plus le reprendre, et cette loi regarde également les deux joueurs. La même raison a fait recevoir de tous les joueurs la présente règle.

9. Il n'est point permis à aucun des deux joueurs de regarder les cartes qu'il doit prendre, en les étendant avant que d'écarter; c'est pourquoi, lorsque celui qui a la main ne prend pas ses cinq cartes du talon, il doit dire à son adversaire : je n'en prends que tant, ou j'en laisse tant. La même raison a fait établir cette règle qui est généralement reçue, afin de lever le prétexte que l'on pourroit avoir, lorsqu'on est dernier, de dire que l'on ne sait pas le nombre des cartes qui restent au talon : le premier ayant pu en laisser.

10. Celui qui a écarté moins de cartes qu'il n'en prend, et s'apperçoit de sa bévue, avant que d'en avoir retourné aucune, ou mises sur les siennes, est reçu à remettre ce qu'il a de trop sans encourir aucune peine; pourvu néanmoins que son adversaire n'ait point pris les siennes; car s'il les avoit prises et vues, il lui seroit loisible de jouer le coup ou de refaire;

et si le coup se jouoit, la carte de trop seroit mise à l'un des deux écarts, après avoir été vue des deux joueurs.

Ce coup qui a été long-temps disputé, a été enfin décidé selon les droits de la justice, puisque par cette décision on a mitigé la punition : de sorte que, quoique celui qui fait la faute ne soit pas puni avec toute la rigueur que l'est celui qui a trop de cartes, n'étant pas tout-à-fait dans le cas, à cause qu'il se déclare avant que de voir sa rentrée, devant même que de la joindre à son jeu, il n'y a par conséquent pas de mauvaise foi à punir ; cependant comme il a fait faute, il est de la justice que celui à qui cette carte seroit allée, et qui auroit pu rendre son jeu bon, soit le maître de s'y tenir ou de refaire. Les joueurs qui jugent les coups par la raison, et sans prévention, trouvent cette règle fort bien établie, et l'admettent comme elle est.

11. Si celui qui donne deux fois de suite, reconnoît sa faute avant d'avoir vu aucune de ses cartes, son adversaire sera obligé de refaire, encore même qu'il ait vu son jeu.

Cette règle est fort conforme à l'équité, puisque chacun doit faire à son tour, et que celui qui mêle ne peut point agir en cela de mauvaise foi, dès qu'il en avertit avant que de voir son jeu : elle est reçue ainsi partout.

12. Quand le premier accuse son point, et ce qu'il peut avoir à compter dans son jeu, et que l'autre lui ayant répondu : cela est bon, il s'apperçoit ensuite, en examinant mieux son jeu, qu'il s'est trompé, pourvu qu'il n'ait point joué, il est reçu à compter ce qu'il a de bon, et efface ce que le premier eût commencé à jouer.

Il y a bien des joueurs qui admettent que lorsqu'on a accusé son point, il faut s'y tenir, ne pouvant point l'augmenter, mais bien le diminuer, si l'on s'apperçoit n'en avoir pas autant que l'on avoit d'abord accusé : je serois bien de leur sentiment là dessus, particulièrement si cela arrivoit souvent; il n'en est pas de même à l'égard des tierces, quatrièmes, etc. quatorze et trois as, etc.; on peut toujours y revenir jusqu'à ce que l'on ait joué; excepté, par exemple, si un joueur avoit trois as ou chose semblable, et qu'il demandât si trois valets sont bons, pour découvrir si son adversaire a trois dames qu'il pourroit avoir : il ne sauroit revenir à compter ce qu'il a de bon. Il en est de même d'une tierce supérieure, si l'on de-

mandoit d'une chose de beaucoup infé-
rieure à la même chose.

Cette règle regarde les deux joueurs,
et elle a lieu partout à l'égard des tierces,
quatrièmes, etc., quatorze, trois as, trois
rois, etc.; mais à l'égard du point, bien
des joueurs ne l'admettent pas, à cause
qu'il pourroit y avoir de la surprise, en
faisant découvrir par-là à son adversaire
le côté dont il a son point, qu'il pourroit
avoir des deux côtés : si cependant le coup
arrivoit une fois par hazard, il pourroit
y revenir; au lieu que si cela arrivoit plusieurs fois, on pourroit obliger un joueur,
sujet à se méprendre, à s'en tenir au premier point qu'il accuseroit, la loi étant
égale d'ailleurs.

13. Celui qui, pouvant avoir quatorze
d'as, de rois, de dames, de valets ou de
dix, en écarte une de celles-là, et n'accuse par conséquent que trois as, trois
rois, trois dames, trois valets ou trois dix,
et qu'on lui a dit qu'ils sont bons, celui-
là, dis-je, est obligé de dire au juste à
son adversaire laquelle de ces cartes lui
manque, pourvu qu'il le lui demande d'a-
bord après qu'il a joué la première carte
de son jeu.

Cette règle est établie afin d'éviter l'em-
barras que causeroit la nécessité où l'on

seroit d'établir ses quatorze, ou trois as, trois rois, etc.

14. S'il arrivoit que le jeu de cartes se rencontrât faux, c'est-à-dire, qu'il y eût deux dix, ou deux autres cartes d'une même façon, ou qu'il y eût une carte de plus ou de moins, le coup seulement demeureroit nul ; les précédens, s'il y en avoit de joués, seroient cependant bons.

Cette règle porte elle-même la raison pourquoi elle est faite, n'y ayant point de jeux où l'on joue les coups faux.

15. Si en donnant les cartes il s'en trouve une de retournée, il faut rebattre, et recommencer à les couper et à les donner, à cause du jeu dans lequel elle peut se trouver, et de l'avantage que pourroit en tirer l'adversaire.

16. S'il se rencontre une carte retournée au talon, le coup est bon, pourvu que ce ne soit pas la carte de dessous, ou bien la première des trois que le dernier doit prendre ; et s'il y en avoit deux, il faudroit refaire.

Ce coup qui a été le sujet de tant de disputes, a été décidé de la sorte par les plus habiles joueurs ; et leur raison est que la carte tournée qui est au milieu des cartes du talon ne sauroit être vue, si celui qui la prend veut prendre garde à son jeu ;

d'ailleurs, quand même elle ne le seroit qu'après que les écarts sont faits, ce qui ne sauroit plus changer le jeu, et par conséquent y préjudicier.

Cette règle est généralement reçue par tous ceux qui se piquent de bien jouer le Piquet.

17. Celui qui accuse faux, comme de dire : J'ai trois ou quatre as, rois, dames, valets ou dix, qu'il pourroit avoir même, et qu'il n'a cependant pas, ne compte pour cela rien du tout de ce qu'il a dans son jeu, à moins qu'il ne se reprenne avant de jeter la première carte ; et que son adversaire s'apperçoive d'abord, ou au milieu, ou à la fin du coup, qu'il a compté faux, il l'empêche non-seulement de rien compter de son jeu, mais il compte encore tout ce qui est dans le sien, et l'autre ne peut point parler ; il en est de même de celui qui, au lieu de compter quatorze d'as, ou de rois, etc., ou trois de quelque chose, compteroit à la place, de ce qu'il n'auroit pas, comme au lieu des as compteroit des rois.

Il est aisé de comprendre que cette règle n'a été faite que pour punir la mauvaise foi de ceux qui, sous prétexte de se tromper, pourroient compter ce qu'ils n'auroient pas, et qu'ils pourroient avoir : et il faut punir comme mauvaise foi tout ce qui peut être soupçonné de l'être, la moindre apparence étant punie au jeu. Tous les joueurs admettent cette règle.

18. Toute carte lâchée et qui a touché le tapis, est censée jouée; si pourtant on n'étoit que le second à jouer, qu'on eût couvert une carte de son adversaire, qui ne fût pas de même couleur, et qu'on en eût dans son jeu, en ce cas il est permis de la reprendre pour fournir de la même peinture, ne pouvant pas renoncer; il n'y a aucune peine pour cela; mais si, n'ayant pas de la couleur jouée, on jetoit par mégarde une carte au lieu d'une autre, il n'est plus permis de la reprendre dès qu'elle est lâchée de la main.

Personne ne s'est jamais opposé à cette règle, puisque n'y ayant point de triomphe à ce jeu, il ne sauroit y avoir de renonce.

19. Celui qui, pour voir les cartes que laisse le dernier, lorsqu'il en laisse, dit : je jouerai de telle couleur, et qui ensuite jouant ne jette pas de la couleur qu'il seroit obligé de jouer, il dépend de son adversaire de lui faire jouer de la couleur qu'il trouvera à propos.

La punition imposée à ce coup, est pour empêcher qu'il ne passe rien au jeu qui ait apparence de mauvaise foi. Tous les joueurs s'y soumettent.

20. Celui qui par mégarde tourne ou voit une carte du talon, doit jouer de la couleur que son adversaire voudra autant de fois qu'il auroit vu de cartes ; une fois, s'il n'y a eu qu'une carte tournée ; deux, s'il y en a eu deux, etc.

Cette règle regarde le dernier dont le premier a vu quelques cartes ; car si le dernier voyoit ou tournoit le talon le premier, il seroit libre au premier de jouer le coup, ou de refaire après avoir vu son jeu.

C'est sans doute cette règle qui a fait le plus de bruit au jeu de Piquet, et pour laquelle les plus habiles joueurs ont été si long-temps partagés ; je ne conçois pas que l'on puisse en Provence et en Languedoc condamner au grand coup un homme qui a tourné ou vu une carte au talon.

Tous les joueurs fameux sont du même sentiment rapporté, et la seule raison naturelle leur en sert de preuve.

21. Celui qui ayant laissé une carte au talon, la mêle à son écart avant que de l'avoir montrée à son adversaire, peut être obligé par lui, après qu'il lui a nommé la couleur dont il commencera à jouer, à lui montrer tout son écart ; il lui est per-

mis de ne pas la voir ni montrer, pourvu qu'il ne la mêle point à son écart.

Cette règle est dans la justice, puisque dès que le dernier a vu la carte qu'il laisse, son adversaire est en droit de la voir, dans le doute de savoir laquelle c'est : il est juste qu'il les voie toutes. Cette règle est généralement reçue.

22. Qui reprend des cartes dans son écart, ou est surpris à échanger, ou faire autres tours de fripon, perd la partie, et doit être chassé comme un coquin avec qui on ne doit jamais jouer.

La peine de cet article ne sauroit être assez forte, puisque c'est pour punir un fripon avéré.

23. Qui quitte la partie avant qu'elle ne soit finie, la perd, à moins que de grandes affaires ne l'obligeassent à quitter ; il faut en ce cas que ce soit d'un mutuel consentement qu'elle soit remise.

C'est pour prévenir les abus qui se glisseroient tous les jours par ceux qui, voyant la partie mauvaise, voudroient la renvoyer, afin d'éviter ensuite de la finir.

24. Celui qui croyant avoir perdu jette ses cartes, et les brouille avec le talon, perd en effet la partie, encore qu'il s'aperçoive après qu'il s'est mépris ; mais si

rien n'est mêlé, il peut y revenir, pourvu que l'autre n'ait pas brouillé son jeu.

De même, s'il arrive à la fin du coup, qu'un joueur ayant en sa main deux ou trois cartes, et croyant que son adversaire les a plus hautes, les jette toutes ensemble ; celui-ci joue alors contre lui-même ses cartes, et quoique celles de son adversaire soient inférieures aux siennes, il ne peut revenir et perd les cartes qui lui restent.

Cette règle est fort bien établie, puisque celui qui auroit besoin de son écart pour achever, n'auroit qu'à céder la partie, s'il lui étoit permis de reprendre son jeu qui seroit brouillé, et prendre par-là les cartes dont il auroit besoin ; et la vivacité de celui qui cède ses cartes, en comptant que son adversaire en a de plus hautes, ne mérite pas une moindre punition.

25. Celui qui étant le dernier écarteroit et prendroit les cartes, avant que le premier n'ait eu le temps de faire son écart, et les auroit mêlées à son jeu, perdroit la partie s'il jouoit au cent, et le grand coup, s'il jouoit en partie ; mais si le premier avoit eu le temps d'écarter, et qu'il eût attendu que le dernier eût pris ses cartes, se croyant être le premier, le coup sera bon, et celui qui est de droit premier commencera à jouer.

Cette règle ne peut être trop rigide dans

le premier cas, puisque la mauvaise foi est manifeste dans celui qui se hâte de faire son écart pour prendre ; au lieu que dans le second cas, c'est précisément la faute du premier qui doit savoir que c'est à lui à en prendre cinq.

26. Quand on n'a qu'un quatorze en main qui doit valoir, on n'est pas obligé de dire : c'est d'as, de rois, de dames, etc. on dit seulement *quatorze* : mais si on peut en avoir deux dans son jeu, et qu'on en ait qu'un, ayant écarté une carte ou deux qui vous réduisent à un seul, alors on est obligé de nommer le quatorze que l'on a.

Cette règle est naturelle, en ce que celui qui n'a qu'un quatorze à craindre, doit nécessairement savoir quel est celui que l'adversaire accuse ; au lieu qu'il n'en est pas de même s'il en a deux, pouvant en avoir un bon, et un plus bas qui ne vaudroit pas.

CHAPITRE VI.

Manière de jouer le Piquet à écrire, et de le compter.

1. Cette manière de jouer le Piquet est fort en usage parmi les honnêtes gens, qui en forment par-là un jeu d'une grande so-

ciété, puisqu'on y peut jouer trois, quatre, cinq, six et sept personnes. Il n'y a cependant que deux de ces joueurs qui jouent à la fois, et tous les autres alternativement.

2. Lorsque l'on joue au malheureux, celui qui est marqué continue à jouer, et celui qui marque est relevé par celui des joueurs qui attend que l'un des joueurs sorte le coup fini, chacun se relevant à son tour ; au lieu que lorsqu'on joue à tourner, on commence par un côté, et l'on tourne toujours du même côté : par exemple, je commencerai la partie avec le même joueur qui sera à ma droite ; après que nous aurons joué notre coup, il jouera encore un coup avec le joueur de sa droite, et ainsi des autres ; c'est la manière la plus égale de jouer ce jeu.

3. Avant de commencer à jouer, il faut convenir combien l'on jouera de rois ou de tours, si c'est six, neuf ou douze rois, plus ou moins ; un roi c'est deux tours, et un tour c'est deux coups : on l'appelle encore *Ide* en plusieurs provinces. Il faut, pour qu'un tour soit joué, que chacun des deux joueurs ait mêlé une fois ; l'on convient ensuite de la valeur de chaque point, soit deux liards, un sou, ou davantage, si l'on veut ; on voit après à qui fera.

L'on joue du reste selon les règles du

Piquet; chacun des deux joueurs fait une fois seulement, et l'on compte à demi-tour les points que l'on fait de plus que son adversaire, en les marquant avec des jetons : par exemple, on suppose que du premier coup l'un des deux joueurs ait fait vingt points, et son adversaire dix; ce sont dix points que le premier a contre l'autre, et qu'il marque avec des jetons jusqu'à ce que le second coup soit joué; si dans ce second coup, celui qui a les dix points sur l'autre n'en faisoit encore que dix, et que son adversaire en fît quarante, ce seroit vingt points que celui-ci auroit plus que lui de ce second coup, parce que de quarante points il faudroit en rabattre vingt points; savoir, dix du coup précédent, et dix du second coup; par conséquent, il resteroit vingt points que l'on écriroit pour le perdant, et ainsi des autres coups.

Cependant, comme l'idée qu'on vient de donner n'est pas suffisante pour certaines gens qui ne se contentent pas de voir les choses, mais qui veulent encore les toucher, on leur donnera une table ci-après, qui leur apprendra la manière dont ils doivent marquer ceux qui perdent : observez seulement que tous les points qui se trouvent au-desous de cinq, ne sont comptés pour rien, et que cinq ou six points au-dessus valent dix.

Par cette raison, quinze points en vaudront contre le marqué autant que vingt-quatre, c'est-à-dire qu'ils seront marqués pour vingt, et ainsi des autres. S. l'on est trois joueurs, l'on fait trois colonnes, à la tête de chacune on met le nom d'un joueur, laquelle on marque à mesure qu'il est marqué.

TABLE

Qui marque douze Rois ou douze Tours joués.

Jules.	Henry.	Charles.
50	50	60
40	40	100
100	30	30
30	60	90
70	50	70
90	60	100
50	50	30
60	80	50
Addition.	Addition.	Addition.
470	370	510

Voilà donc les colonnes de chaque joueur marquées des points qu'ils ont perdus dans le cours des douze rois qu'ils ont joués. Il faut après cela additionner chaque colonne, pour voir à combien les points montent, et les ranger comme on va le voir.

Addition des points des Joueurs.

Jules perd . . 470 points.
Henry 370
Charles 510
                   ——————
                     1350

Total 1350 points, qu'il faut diviser entre trois personnes ; ce qui fait pour chacune 450 points. Cette division étant faite, chaque joueur prend sa rétribution, de manière que Henry, qui n'a que 370 points, gagne 80 points, parce qu'il lui manque ce nombre pour se remplir des 450, qui font son tiers dans 1350 points ; ainsi, Jules qui est marqué de 470 points, perd 20 points, à cause qu'il a ce même nombre au-dessus de 450 ; et par la même raison, Charles perd 60 points, ayant ce même nombre au-dessus de 450 : lorsqu'il y a quelque dixaine de surnuméraire, elle est au profit de celui qui perd le plus.

Observez encore qu'il se paie ordinairement une consolation à ce jeu, qui est de 20 par marqué, plus ou moins, ainsi qu'on en convient ; en sorte que si elle est de 20 , le joueur qui est marqué de 50 par le jeu , est marqué de 50 en perte , et ainsi des autres.

Autre manière de jouer.

1. L'on peut jouer d'une manière moins embarrassante le Piquet à écrire, et voici comment :

Chaque joueur prend la valeur de six cents marques en cinq fiches et dix jetons : chaque fiche vaut dix jetons , et chaque jeton est compté pour dix marques ; de façon qu'un joueur marqué de trente , en mettant trois jetons , paie. L'on joue du reste le jeu de la même façon qu'en écrivant. L'on peut jouer un contre un , se payant ce dont l'on est marqué l'un à l'autre ; l'on fait la consolation aussi forte que l'on veut.

L'on joue encore également ce jeu deux contre deux ; ce sont même les parties ordinaires , ou deux contre un ; on appelle celui qui joue seul contre deux , la *Chouette.*

Pour toutes ces façons de jouer , vous aurez recours aux règles , qui sont les mêmes pour tout ce qu'on appelle Piquet.

LE REVERSIS.

CHAPITRE I.

De la boîte de Reversis ; de la manière de donner les Cartes ; de leur valeur, de la manière de les jouer.

Le Reversis se joue avec un jeu de cartes complet, excepté les dix de chaque couleur, ce qui compose quarante points.

La boîte pour le jeu de Reversis contient quatre paniers carrés-longs et un panier rond.

Chaque panier carré est composé, 1º. de cinq jetons qui valent chacun cinq fiches ; 2º. de dix contrats qui valent chacun dix jetons ou cinquante fiches ; 3º. enfin, de vingt fiches, en sorte que la boîte équivaut à cinq cent quarante-cinq fiches.

Le panier rond sert à contenir les paiemens, dont il sera parlé ci-après

Il se joue à quatre personnes. On tire pour les places, c'est-à-dire, que l'on commence par placer les quatre paniers sur la table ; on prend ensuite une fiche de chaque couleur que l'on met dans le panier rond. Chacun des joueurs en prend une, et se place à l'endroit où est le panier dont la couleur correspond à celle de la fiche qu'il a tirée.

Les quatre joueurs assis, l'un d'eux prend un jeu de cartes, et en fait quatre paquets, un pour chacun, et celui dans lequel se trouve le valet de cœur est celui qui commence à donner.

Quand le jeu commence, chaque joueur met au panier deux jetons, et celui qui donne en met trois, cette contribution forme le fonds des remises; elles se renouvellent toutes les fois que le panier est vide; ce fonds se nourrit par la contribution d'un jeton à chaque donne, par celui qui donne, et par les amendes, dont il sera parlé ci-après.

Ensuite, la donne circule toujours par la droite; c'est celui qui est le plus près à la droite de celui qui donne, qui joue le premier, et ainsi de suite.

L'as prend le roi, le roi la dame, la dame le valet, le valet le neuf, etc.

L'on donne onze cartes aux trois personnes avec qui l'on joue; et douze à soi.

On ne peut donner les onze cartes qu'en trois fois, une par trois, et à soi quatre, et ensuite deux fois par quatre : toute autre façon est vicieuse.

Carte retournée fait refaire, à moins que

tous les joueurs ne jugent le coup bon pour abréger.

Celui qui aura mal donné perd sa donne, à moins qu'il ne fournisse un jeton ou cinq fiches au panier.

Celui qui, ayant mal donné, ne s'en seroit pas apperçu, ou n'en auroit pas averti avant que l'écart soit fait, paiera au panier quatre jetons d'amende, et le coup sera nul, et il perdra en outre cette fois-là sa donne, sans pouvoir la racheter.

Des trois cartes du talon, la première est pour le premier joueur à droite de celui qui donne, la seconde pour le deuxième, et la troisième pour le troisième : celui qui donne, écarte sans reprendre ; c'est ce qui compose la partie.

Quiconque voit la carte de l'écart qui lui revient, et écarte ensuite, ne peut gagner la partie, ni placer son Quinola, si par hazard il l'avoit, ni faire le Reversis ; néanmoins, s'il rompoit le Reversis ou forçoit le Quinola, l'un seroit rompu et l'autre bien forcé ; mais il ne recevroit rien pour avoir rompu le Reversis, et point de consolation pour le Quinola forcé.

Il en est de même de celui qui prendroit sa carte sans écarter, il n'a droit à aucun paiement ; mais le Reversis rompu sera bien rompu, ainsi que le Quinola forcé, c'est-à-dire que, dans les deux cas ci-dessus, le coup n'est pas nul à l'égard des autres.

Quiconque joue sa carte avant son tour, paiera un jeton ou cinq fiches au panier.

Si quelqu'un se trouvoit avoir écarté deux cartes au lieu d'une, ne portant que dix cartes, il n'a droit à aucun paiement quelconque, à moins qu'il ne rompe un Reversis, ou ne force le Quinola ; alors il en sera payé comme s'il n'avoit écarté qu'une carte. Les paiemens qui ne lui sont pas dus, sont les as ou Quinola par lui placés, ainsi que la partie, s'il la gagnoit.

Toutes les cartes qui se trouvent sous le panier, comptent pour la partie, soit qu'il y en ait une de plus ou de moins.

La partie appartient à celui qui la ramasse ; cependant tout autre joueur peut en avertir et régler le coup, s'il le juge à propos, mais toujours avant que l'on ait joué.

Il est permis en tout temps d'examiner ses propres levées, mais aucunement celles des autres, si ce n'est la dernière de toutes celles qui seront faites.

Quiconque renonce sans avoir quatre as, ou le Quinola et trois as, mettra deux jetons au panier pour amende, et ne pourra toucher aucun paiement, à moins qu'en s'en appercevant il ne reprenne sa carte pour fournir de la couleur avant la levée de la main ; la partie appartient à celui qui ne fait pas de levée, et dans le cas de concurrence, à celui qui est le plus près à gauche du panier.

Dans le cas d'égalité de points, elle appartient à celui qui a le moins de levées, et si les points et les levées sont égaux, elle appartient toujours au plus près à gauche du panier.

Quand à la perte de la partie, dans le cas d'égalité de points et de levées, c'est au contraire celui qui se trouve le plus éloigné à gauche du panier qui doit la payer.

La partie se compose des points qui se trouvent par les quatre cartes de l'écart ; les points s'y comptent comme les levées ; savoir : l'as quatre, excepté celui de carreau, qui y compte cinq ; le roi trois, la dame deux, et le valet un, excepté celui de cœur, appelé le Quinola, qui y compte quatre, et l'on ajoute toujours quatre à ces points ; c'est proprement ce que l'on doit nommer la partie, attendu qu'il pourroit arriver que les quatre cartes de l'écart fussent toutes blanches, et que celui qui la gagneroit n'eût rien pour sa peine.

Des paiemens.

Celui qui donne un as en renonce reçoit une fiche de celui qui fait cette levée ; si c'est l'as de carreau, il en recevra deux ;

si c'est le Quinola en renonce , il recevra un jeton ou cinq fiches.

De même le joueur à qui l'on force un as , paie une fiche à celui qui le force , et deux si c'est l'as de carreau.

Si quelqu'un force le Quinola, il touche un jeton de chaque joueur, et deux de celui qui tenoit le Quinola.

Tous ces paiemens se font sans se les faire demander.

Un ou plusieurs as joués, ou le Quinola joué, ne se paient qu'à celui qui gagne la partie; mais c'est à lui à s'en souvenir et à les demander. Il faut observer que tous ces paiemens sont doubles en vis-à-vis.

Ils sont encore doubles à la première et à la dernière bonne, qui est la onzième levée ; en sorte que, si par hazard on forçoit le Quinola en vis à-vis à la première ou dernière bonne, on toucheroit huit jetons ou quarante fiches de son vis-à-vis, et deux jetons de chacun des autres joueurs; mais si on le forçoit de côté, celui-ci paieroit quatre jetons, le vis-à-vis quatre, et le troisième n'en paieroit que deux.

La partie se paie aussi double , si c'est le vis-à-vis qui la gagne.

Tous ces paiemens cessent dès qu'il y a Reversis, soit que le Reversis se fasse ou qu'il soit rompu à l'une des deux dernières levées. On rend tout ce qui s'étoit payé pendant le coup, sans se le faire demander ; c'est-à-dire qu'on rend à celui qui a payé, afin que personne ne paie ni plus ni moins que le Reversis.

Le Reversis se paie seize fiches par chaque joueur, et trente-deux par le vis-à-vis.

Celui qui rompt le Reversis à la dixième ou onzième levée, reçoit soixante quatre fiches de celui qui l'avoit entrepris : les autres n'ont rien à payer que la restitution des as reçus, ainsi que celle du Quinola, s'il a été payé.

CHAPITRE II.

De ce qui constitue le Reversis ; de l'époque à laquelle il est entamé, et de la manière de le rompre.

On fait le Reversis quand on fait seul toutes les levées.

Dès que les neuf premières levées sont faites, le Reversis est entrepris de cet instant ; celui des joueurs qui auroit placé le Quinola, n'a plus de droit au panier ; de même si celui qui l'a entrepris a forcé le Quinola, on le force par la suite, il ne fait pas la remise, parce que, perdant son droit au panier, par le seul fait des neuf levées par la même personne, il seroit injuste qu'il fît la remise dans le cas contraire. Alors, s. l'on ne fait les deux autres levées, le Reversis est dit rompu à la bonne, s'il est à la onzième levée, ou simplement rompu, s'il ne l'est qu'à la dixième.

On ne peut rompre le Reversis contre celui qui l'auroit entrepris, qu'en faisant une des deux dernières levées.

Il n'y a que celui qui fait le Reversis qui puisse tirer la mise, s'il a joué son Quinola à l'une des neuf premières; il n'y a que lui qui puisse la faire, si son Reversis est rompu à l'une des deux dernières levées : autrement, il ne fait pas la remise, ni ne la retire, s'il a conservé son Quinola aux deux dernières levées, soit qu'il fasse le Reversis ou qu'il soit rompu, fût-il même forcé à la dernière bonne.

CHAPITRE III.

Du Quinola et de l'Espagnolette.

La remise est attachée au valet de cœur, qui est la carte la plus importante de tout le jeu. Toutes les fois que l'on peut donner le Quinola en renonce, on tire la remise; cela s'appelle placer ou donner le Quinola: toutes les fois, au contraire, qu'il est forcé, c'est-à-dire que l'on est obligé de le donner sur un cœur, lorsqu'on n'a pas l'Espagnolette, il fait payer la remise égale au contenu du panier. Il en est de même toutes les fois que l'on est obligé de jouer le Quinola; cela s'appelle Quinola joué ou gorgé. Excepté néanmoins le cas où celui qui auroit le Quinola l'auroit joué à l'une des neuf premières levées, et feroit le Reversis; c'est le plus grand coup que l'on puisse faire à ce jeu, parce que l'on tire la remise, et qu'on se fait payer du Reversis.

Mais aussi, si se flattant de pouvoir faire le Reversis, l'on a joué le Quinola à l'une des neuf premières levées, et qu'il soit rompu à l'une des deux dernières, il paie le Reversis rompu, et fait en outre la remise; c'est le coup le plus cher : ainsi, si l'on doute de son Reversis, il est prudent de ne le jouer qu'à l'une des deux dernières levées, afin de ne pas payer la remise.

Dans les autres cas, où l'un des joueurs fait ou manque le Reversis, et qu'un autre place le Quinola, ou bien que son Quinola est forcé, celui-ci ne tire la remise, ni la fait : en un mot, du moment qu'il y a un Reversis entrepris, il n'y a point de remises, parce qu'alors le Quinola redevient valet de cœur, excepté seulement pour celui qui l'entreprend et qui l'auroit joué avant la dixième levée ; parce que si son Reversis est rompu, il fait la remise ; et s'il ne l'est pas, il la retire.

Trois as et le Quinola, quatre as et le Quinola, ou seulement quatre as réunis dans la même main, font ce qu'on appelle l'Espagnolette.

Ce coup très-compliqué, difficile à jouer, renverse à peu près tout ce qui vient d'être dit.

L'Espagnolette a le droit de renoncer à toutes couleurs ; il place de cette façon son Quinola, quoique souvent seul dans sa main, et tire conséquemment la remise ; il donne comme il lui plaît les as, à droite, à gauche, ou en face.

Il gagne presque toujours la partie, de quelque manière qu'il soit placé.

On diroit que l'on ne joue que pour lui ; et en effet, s'il joue bien, tous les avantages du jeu sont pour lui.

Mais n'ayant le droit de renoncer que pendant les neuf premières levées, il doit fournir de la couleur, s'il en a aux deux dernières levées ; si mal-adroitement il a gardé une grosse carte, et qu'on le fasse rentrer, il perd la partie, quand bien même il ne feroit qu'une levée blanche ; s'il a placé son Quinola dans les neuf premières cartes, il fait la remise et rétablit le panier tel qu'il étoit. Il est également tenu de payer les as doubles à ceux qui les lui auroient déjà payés.

Si dans le cas prévu par l'article précédent, l'Espagnolette avoit gardé son Quinola dans l'espéra. ce de le placer à la bonne, il se trouveroit par le fait gorgé, s'il rentroit à la dixième carte.

Néanmoins, l'Espagnolette ne fait pas la remise, si le Quinola est placé par l'un des autres joueurs.

Cependant s'il arrivoit qu'un des joueurs entreprît le Reversis et qu'il le rompît, fût-ce même par le Quinola forcé en sa main, à l'une des deux dernières levées, non seulement il ne feroit ni la remise, ni perdroit la partie, puisqu'il est de principe qu'il n'y a de remise pour personne dès qu'un Reversis est entrepris, et que le Quinola n'a pas été joué dans les neuf premières levées, mais encore on lui paie le Reversis rompu.

L'Espagnolette n'est pas sensée avoir perdu son droit pour avoir fourni de la couleur qu'on demande, et même pour avoir mis au-dessus, pourvu que la levée ne lui reste pas.

S'il est le premier à jouer, qu'il joue cœur, et que le Quinola se trouve seul dans quelque main, il en tire la consolation, et ne perd pas pour cela ses droits, si cette levée ne lui reste pas.

Si, ayant par mégarde fait une levée dans le courant du jeu, il joue le cœur et force le Quinola, il en reçoit de même la consolation; mais il ne peut plus renoncer et ne peut gagner la partie qu'autant que les points de ses levées seroient au-dessus des trois autres, c'est-à-dire qu'il rentre dès ce moment dans la classe des autres, sans qu'on puisse lui reprocher d'avoir précédemment renoncé. Il en est de même si, étant entré malgré lui à la dixième carte, il lui restoit un cœur à jouer, et qu'il forçât par ce hazard le Quinola à la dernière bonne : c'est-à-dire, qu'on lui paieroit la consolation double comme étant à la dernière bonne; et ce, sans égard à ses précédentes renonces.

Faire entrer, signifie faire levée.

Si quelqu'un fait le Reversis, l'Espagnolette paie seule pour toute la compagnie. Néanmoins si celui qui est Espagnolette n'avoit pas renoncé, il est dans la classe des autres, et l'on ne pourroit lui reprocher de s'être défait de ses as et de son Quinola, et ne pourroit payer que sa part du Reversis.

Si l'un des joueurs entreprend le Reversis, et qu'un autre le rompe à la bonne, l'Espagnolette qui a joui de son droit paie tout le Reversis à la décharge de celui qui rompt; c'est-à-dire, 64 fiches à la décharge de celui à qui il est rompu; parce que l'Espagnolette doit rompre le Reversis à la bonne, et reçoit 64 fiches de celui auquel il l'a rompu.

Comme l'Espagnolette n'est pas obligée de rompre le Reversis par un as, il suffit d'avoir une carte au-dessus de celui qui a entrepris le Reversis, en sorte que si un autre en fait la levée, c'est celui-là qui reçoit les 64 fiches, non pas de l'Espagnolette, mais de celui auquel il l'a rompu.

Par exemple, N. a entrepris le Reversis, et il lui reste un huit de trèfle, celui qui est Espagnolette en a le neuf, par conséquent il est censé avoir rompu le Reversis, quoiqu'on ait le valet de trèfle qui fait faire la levée, parce que sans le valet il l'eût lui-même rompu, et qu'il est assez puni de ne pas toucher les 64 fiches qui passent à celui qui avoit le valet.

L'Espagnolette peut aussi faire le Reversis, et dès-lors son jeu n'est plus qu'un jeu ordinaire.

Si l'Espagnolette avoit placé son Quinola, et qu'il y ait un Reversis fait ou marqué, il ne tirera pas la remise d'après la règle générale, qu'en Reversis fait ou rompu, il n'y a pas de remise, excepté pour celui qui l'entreprend et qui le fait ; encore, lorsqu'il l'a joué à l'une des neuf premières levées.

Si par as, roi ou dame de cœur, l'on forçoit le Quinola à l'Espagnolette, et à quelqu'époque du jeu que cela arrivât, ce dernier feroit la remise et paieroit, ainsi que les deux autres joueurs, ce qui est dû à celui qui le lui auroit forcé, d'après les règles ci-dessus; excepté toujours s'il a Reversis fait ou rompu, les deux dernières levées ne changeant rien à la règle générale qu'en faveur de celui qui fait les onze levées.

Le Quinola forcé, placé ou joué aux dernières levées, ne fait pas la remise ni ne la lève, fût-il joué par celui qui fait le Reversis.

S'il n'y a pas de Reversis et que l'Espagnolette n'entre pas, il jouira de tous ses autres droits.

L'ÉCARTÉ.

Du tirage de la Main, de la Donne, et du nombre de points dont se compose la Partie.

Dans le tirage de la main, c'est la plus forte qui fait.

Les cartes se donnent par deux et trois, ou par trois et deux, au gré des joueurs; on ne peut changer sa donne dans une même partie.

La partie se joue en sept points, à moins que les joueurs n'en soient convenus autrement.

Du Roi.

Le roi compte un point pour celui qui le retourne, ou qui l'a dans la main.

Pour avoir droit de compter le roi dans la main, il faut ou l'annoncer avant de jouer, en disant : *J'ai le Roi*, ou le jouer la première des cinq cartes, ou le mettre avant de jouer en évidence sur le tapis.

De l'Écart.

La proposition d'écarter est faite par le premier.

L'écart se fait, en articulant le nombre de cartes qu'on demande, et en plaçant les cartes rejetées de côté et à l'opposite du talon, ce qué l'un et l'autre joueur est tenu de faire avant la distribution des cartes demandées. L'écart fait, on ne peut demander plus ou moins de cartes qu'on a d'abord déclaré en vouloir, ni même toucher à celles qu'on a mises à l'écart.

Le premier qui joue sans proposer d'écarter, et le dernier qui refuse l'écart proposé par le premier, s'ils ne gagnent le point, en perdent deux.

De la Maldonne.

Quand il y a maldonne, d'emblée, le coup ne se joue point, et la main passe de droit.

De la Maldonne sur écart.

Le premier qui, après donne sur écart, a moins de cartes qu'il n'en doit avoir, prend parmi celles que le dernier vient de se servir, celles qui lui reviennent selon l'ordre naturel de la distribution, pourvu toutefois que celui-ci ne les ait pas portées à vue, auquel cas le jeu du premier se complète avec le talon.

Celui qui, après donne sur écart, joue avec plus de cinq cartes, perd un point :

le dernier perd en sus le droit de compter le roi.

Quand un des joueurs, après donne sur écart, et ayant porté ses cartes à vue, s'aperçoit qu'il a plus de cartes qu'il n'en doit avoir, et le déclare, la réduction s'opère, en faisant tirer au hazard par le chef de partie, autant de cartes que de raison, lesquelles sont mises à l'écart.

Dans le cas précédent, tant que les cartes demandées ne sont pas mêlées avec celles que le joueur s'est réservées, et qu'il ne les a pas portées à vue, le chef de partie ne peut extraire de cartes que parmi les dernières reçues.

Celui qui, en donnant sur écart, retourne comme s'il donnoit d'emblée, ne peut refuser un second écart, si le premier le demande.

Des Cartes qui se trouvent retournées dans le Jeu.

Si quelques-unes des douze premières cartes se trouvent retournées dans le jeu, le coup est nul de droit, à moins cependant que ce soit la onzième seule qui se trouve ainsi retournée.

S'il se trouve de retournée quelque carte au-dessous de la douzième, le joueur, qui s'en apperçoit, peut exiger que le coup soit refait, pourvu toutefois qu'il n'ait pas porté ses cartes à vue : le coup ainsi joué, sans réclamation préalable de part ni d'autre, a son plein effet.

Si on donne sur écart, et qu'il se trouve quelque carte retournée dans le talon, le coup est bon, et les cartes retournées se donnent à qui elles reviennent de droit.

Dans le cas précédent, le coup est bon, même quand le jeu est incomplet; il n'est nul que dans le cas où le jeu est faux, et qu'il s'y trouve deux cartes pareilles, auquel cas le coup se refait, sans qu'il y ait pour cela lieu à revenir sur les précédentes jouées avec le même jeu.

De la Renonce et de la Sous-force.

Les règles de la Triomphe, relatives à la Renonce, et à la Sous-force, sont applicables à l'Écarté.

Des Cartes mêlées avec le talon, ou jetées dans le tiroir.

Si un joueur, par méprise ou par humeur, mêle ses cartes, ou les jette dans le tiroir, il perd trois points ; mais le coup se joue pour les parieurs, à la manière accoutumée.

LE BOSTON.

CHAPITRE PREMIER.

Instruction préliminaire. — Ce que c'est que le Chelem *et l'*Indépendance.

1. Ce jeu tire son origine du Whisk, auquel il ressemble pour la manière de jouer les cartes ; mais il différencie dans la forme, ayant besoin de paniers et d'une corbeille, comme au Reversis.

2. Il faut être quatre, avoir chacun un panier composé de cent vingt fiches, et une corbeille pour la mise de chaque joueur.

3. Pour savoir à qui donnera, l'on tire au premier roi.

4. Il faut des cartes entières.

5. La partie est composée de huit tours.

6. Celui qui donne met huit fiches à la corbeille, et les trois joueurs quatre chacun, ce qui fait vingt, dont la corbeille est toujours garnie ; il peut y en avoir moins dans le cas où, avant de jouer, l'on feroit des conditions différentes.

7. On donne toutes les cartes par trois ou par quatre, et l'on a grand soin de retourner la dernière, étant celle qui indi-

que la couleur dans laquelle on peut jouer,
ne pouvant le faire en aucune autre.

8. Il faut avoir soin que la corbeille soit
complette ; c'est toujours le premier qui est
chargé de ce soin ; et, s'il l'oublie, il en
répond : conséquemment il est obligé de
fournir ce qui y manque.

9. L'on joue assez ordinairement deux
ensemble à ce jeu, c'est-à-dire, que l'on
a un associé ou soutien.

10. Il faut faire huit levées pour em-
porter la corbeille, cinq par celui qui demande, et trois par le soutien ; en sorte que
celui qui peut faire cinq levées dans la couleur qui retourne, dit : Je demande ; et celui qui a de quoi en faire trois, dit : Je
soutiens.

11. Si le nombre de huit levées n'est pas
complet, on fait la bête, qui est toujours
de ce qui est dans la corbeille, et l'on paie
autant de fiches aux adversaires que l'on
a perdu de levées, si ce n'est qu'à la première l'on donne une fiche de plus par forme
de consolation. Il est à observer que ce
paiement se fait toujours également par les
deux joueurs.

12. Il n'en est pas ainsi de la bête, elle
ne doit être mise que par celui qui n'a pas
fait son nombre de levées, à moins que
la convention n'ait été faite avant de se

mettre au jeu, de les partager ; dans ce cas, les joueurs peuvent confondre leurs levées ; mais, dans celui opposé , il est essentiel de les relever chacun devant soi.

13. S'il arrivoit que le premier ne fît que quatre levées, et le soutien le même nombre , ou bien que le demandant en fît six, et le soutien deux, la corbeille seroit partagée également entre les deux joueurs, l'usage étant de laisser aller à son ami des levées que l'on pourroit faire ; ainsi, il seroit de la plus grande injustice de lui enlever sa part de la corbeille.

14. Lorsqu'on fait des levées au-delà de huit, qui est la règle du jeu, les adversaires paient autant de fiches qu'il y a de levées au-dessus du nombre huit, toujours une de plus pour la première , ainsi qu'il est dit ci-dessus : et de plus les honneurs , comme au Whisk.

15. Il y a des personnes qui conviennent de payer les honneurs en dehors, c'est-à-dire que , si les demandans perdent avec, ils sont obligés de les payer , ainsi que l'on auroit fait s'ils eussent gagné.

16. D'autres au contraire les font entrer en compensation des levées perdues ; tout cela dépend des conditions faites avant de se mettre au jeu.

17. Le Chelem est un coup qui a lieu

comme au Whisk ; il faut, comme l'on sait, faire à deux toutes les levées : on le paie seize fiches, et de plus les honneurs, s'il y a eu lieu.

18. L'Indépendance s'appelle ainsi, parce qu'elle demande d'être jouée seule ; pour cet effet, il faut avoir dans son jeu de quoi faire huit levées : dans ce cas, il faut dire : Je demande une Indépendance, avant que celui qui est le premier en cartes ait joué, autrement les autres joueurs s'y opposeroient, parce que l'entrée du jeu est souvent très-avantageuse, et que l'on n'auroit pas risqué le coup sans cet avantage ; ainsi, dans le cas où la demande auroit été faite mal à propos, les trois autres joueurs forceroient le demandant à se rétracter, et à jouer pour huit levées seul ; ce qui est très-différent pour le paiement, puisque pour l'Indépendance, on reçoit de chacun dix fiches, l'on retire la corbeille et l'on reçoit les honneurs, ainsi que les levées faites au-dessus du nombre, et que, dans l'autre cas, on n'a que la corbeille, avec les honneurs et levées, s'il y a lieu : de même, si celui qui a demandé l'Indépendance ne fait pas, ses huit levées, il faut qu'il paie dix fiches à chacun des joueurs, ainsi que les levées et les honneurs, si l'on étoit convenu de les jouer dehors.

4 *

19. Il est bon, d'observer que, lorsque tous les joueurs passent, et qu'un seul demande, on ne peut l'obliger à faire huit levées, mais cinq, parce qu'il n'a pas de soutien; alors il retire seul la corbeille, et on lui paie les levées qu'il pourroit avoir faites au-delà.

20. Lorsque tous les joueurs passent, on remet quatre fiches à la corbeille, et l'on donne les cartes.

21. Des personnes qui jouent très bien ce jeu, avoient voulu ajouter la demande forcée; c'est-à-dire, que le premier en cartes étoit toujours forcé de jouer pour cinq levées; or, il arrivoit souvent qu'il se trouvoit sans atout, et que s'il ne rencontroit pas pour soutien celui qui les possédoit, il étoit sûr de faire la bête; ces mêmes personnes ont senti l'injustice d'un tel procédé, et la règle n'a plus lieu.

22. Il faut observer que si les trois premiers joueurs ont passé, et que le dernier demande, le premier peut revenir, pour soutenir seulement, ainsi que le second ou le troisième, parce qu'il est différent de faire une demande de cinq levées, ou un soutien de trois, ayant observé ci-dessus que le soutien n'étant tenu de faire que trois levées, n'est point dans le cas de mettre la bête, si le demandant n'en fait que qua-

tre ; il faut donc que ce dernier mette vingt
fiches à la corbeille, ou plus, s'il y a lieu,
les bêtes étant toujours de ce qu'il y a dans
la corbeille.

23. S'il y en a plusieurs, il faut toujours
mettre les plus fortes en premier.

24. Il est très-essentiel d'observer que
pour les demandes il ne faut parler qu'à
son rang.

II. *Manière de jouer ce jeu.*

1. Lorsque les cartes sont données, le
premier porte la parole, s'il a de quoi
jouer, ou le second, si le premier n'a pas
de jeu, et ainsi des autres; et lorsque l'on
ne peut jouer, on dit : Je passe, ayant besoin pour demander, d'avoir dans son jeu
de quoi faire cinq levées, soit en atout,
soit en as ou en rois : il est plus sûr de
jouer en atout, n'ayant point à craindre
que vos adversaires l'emporte sur vous par
le nombre : d'ailleurs, vous ne devez pas
compter sur votre ami, qui préfère quelquefois ne pas vous soutenir, dans l'espé-
rance de faire faire une bête ; ainsi il faut
pour jouer, avoir au moins cinq atous forts,
ou six ou sept petits, parce que le grand
nombre vous en assurera de maîtres, et avec
cela des as et des rois, et vous serez sûr
de votre jeu, si vous avez soin aussitôt

que vous serez en jeu, d'en jouer, afin que de petits atous dispersés dans les trois joueurs ne coupent point vos cartes. Il est donc nécessaire à ce jeu de faire atout, cependant il est des circonstances où cela seroit nuisible ; c'est dans le cas où vous verriez à la première levée, qu'il y auroit deux renonces, ce qui vous indiqueroit que les atous étant dans une même main, vous ne devez pas continuer, dans la crainte de ne faire tomber que des petits, et de rendre rois ceux de votre adversaire, qui ne manqueroit pas de les tirer, lorsqu'il seroit en jeu, et épuiseroit les vôtres ; dans ce cas, il faut tirer ses as et rois, étant à présumer qu'ils ne seront pas coupés, ayant deux joueurs sans atout ; et s'ils l'étoient par celui qui les a, ce seroit toujours un avantage pour vous de lui en diminuer le nombre ; mais, dans tous les cas, il faut bien ménager son jeu lorsque l'on est seul, parce qu'ayant trois personnes contre vous, elles ont le plus grand intérêt de vous mettre à la bête.

2. Lorsque l'on a un soutien, la manière de jouer devient différente ; il faut sonder le jeu de son ami, et tâcher d'y faire une bonne entrée : par exemple, si le premier en cartes demande, et que le dernier soutienne, c'est au premier à faire atout d'un

petit, afin de passer en revue les deux adversaires qui sont souvent forcés de mettre
un atout majeur, dans la crainte que la
levée ne reste par un moindre, le soutien
ne devant pas forcer sur les mains qui appartiennent à son ami ; de même si le soutien est à la droite du joueur, c'est à lui
à faire atout, par la même raison expli-
quée ci-dessus : on le nomme *atout de
situation*, parce que c'est la place qui
l'exige, et non pas un invite qui exige que
le roi y retourne, ce qui, dans ce cas,
seroit quelquefois très-nuisible, à moins
qu'il ne fût indiqué, par la retourne
ou autrement, que les honneurs seroient
dans les mains des deux joueurs ; dans ce
cas, avec le nombre, il seroit à propos
d'en retourner, afin d'ôter aux adversaires
la possibilité de couper vos rois, en leur
enlevant leurs petits atous.

3. Pour soutenir à ce jeu, il n'est pas
nécessaire d'avoir un grand nombre d'a-
tous, mais il est à propos d'avoir au moins
as, roi, dame, ou valet troisième, avec quelques rois et as dans les autres couleurs,
afin que votre associé trouve de la ressource dans votre jeu, et puisse n'être pas
trompé dans les invites qu'il pourroit faire ;
d'ailleurs, on sent quel avantage on peut
tirer de deux beaux jeux rassemblés : il est

possible de faire le Chelem, qui est un des beaux coups de ce jeu.

III. *Du Chelem.*

1. Ce coup s'entreprend souvent sans réussir, mais c'est toujours le jeu de le tenter, lorsque l'on est fort en atout, et qu'ayant sondé le jeu de son ami, on y trouve un bon soutien; alors, si l'on a des rois et des as, il est avantageux de faire atout, afin que les petits qui se trouveroient dans les mains adverses, ne fissent point de tort à vos rois, en les coupant, et par-là vous ôtassent la faculté de réussir dans votre entreprise.

2. Il est très-essentiel à ce jeu d'observer les cartes qui passent, et d'en garder le souvenir, afin de ne point couper les rois de son ami; ce qui fait souvent le plus grand tort.

IV. *De l'Indépendance.*

1. Comme ce coup se joue seul, il faut que celui qui l'entreprend, calcule son jeu et voie s'il a de quoi faire huit levées, tant par les atous que par les rois; s'il n'a pas de rois, il faut qu'il ait au moins la quatrième tierce majeure, huitième, afin, lorsqu'il jouera atout, de faire tomber le dix, s'il est quatrième dans une main.

2. L'on observe que si, dans les fausses qui lui restent, il avoit une renonce, ce ne seroit pas le jeu de couper ; qu'au cas qu'il fût dernier à jouer, conséquemment exposé à la surcoupe ; parce que s'il risquoit un atout qui lui fût enlevé, il n'auroit plus le nombre de ses levées, et feroit la bête.

3. On sent que cette règle est nécessaire dans toutes les occasions où l'on est dans le cas de craindre la surcoupe ; il en est cependant où l'on peut couper d'un fort atout, même d'un honneur, mais ce n'est pas dans celui de l'Indépendance, parce qu'en vous dégarnissant d'une de ses cartes, vous pouvez en faire valoir de moindres dans les mains de vos adversaires.

4. On peut encore jouer ce coup avec moins d'atous, mais il faut avoir des as et des rois que l'on puisse faire valoir, après que l'on a fait plusieurs coups d'atous, pour n'être pas coupé.

5. L'on observe que les rois ne sont pas d'une grande ressource lorsqu'on joue seul, parce que les adversaires devinent facilement quand vous en voulez faire, et ont grand soin de vous faire passer en revue, et de ne mettre leur as que lorsque vous êtes forcé de jeter le roi.

V. *Manière de jouer les adversaires.*

1. L'intéressant de cette position est de mettre à la bête ceux qui jouent; pour cet effet, il faut prendre bien du soin de son jeu; ne point faire de fausses invites à son ami, ne point jouer de l'as, quand vous ne l'avez pas soutenu du roi, parce que de cette manière vous le feriez dans la main du joueur, et pourriez, par cette faute, lui faire gagner une corbeille qu'il auroit perdue : il ne faut donc jouer de l'as dans cette position, que lorsqu'on y est forcé par les circonstances; on ne doit point faire d'invite si on a l'as, mais toujours attendre sur cette couleur, sur-tout s'il est accompagné de la dame, parce qu'il est certain qu'en voyant venir, vous ferez tous les deux : on doit faire invite lorsqu'on a le roi trois ou quatrième, parce que si votre ami a l'as, il le doit mettre, à moins qu'il ne puisse prendre la levée d'un moindre; mais vous êtes toujours sûr qu'il est dans sa main, parce que vos adversaires le mettroient, s'ils l'avoient, dans la crainte qu'il ne fût coupé au second; si votre ami l'a, votre roi est en sûreté, et c'est son jeu de retourner à l'invite; règle très-essentielle à ce jeu : cependant votre ami, découvrant par votre invite que vous avez le roi, ne de

vroit pas y retourner s'il n'avoit pas l'as,
dans la crainte de vous le faire prendre par
vos adversaires ; ce seroit pour lors son jeu
de faire une autre invite ; et lorsque vous
vous trouveriez en jeu , vous feriez une seconde invite dans la couleur que vous auriez entamée , afin de faire tomber cet as
et faire valoir votre roi.

2. Lorsque l'on a roi et dame quatrième ,
on peut jouer du roi , votre ami ne mettant pas l'as , s'il l'a , et vous donnant , en
lui jouant d'un petit au second, la facilité
de faire trois levées dans cette couleur : si,
au contraire , l'as est dans les mains adverses , ce n'est pas le jeu de tirer votre
dame , il faut y voir venir , afin de ne point
faire de rois à vos adversaires.

3. Lorsque l'on a la tierce à la dame
cinquième , c'est le jeu de jouer la dame ;
souvent cela force le roi , que votre ami
prend de l'as , et vous êtes sûr du reste.

4. L'on ne doit point faire de fausse invite. On appelle *invite*, les basses cartes
du jeu , depuis le deux jusqu'au cinq : ainsi,
si l'on n'a point de fortes cartes dans son
jeu , il faut jouer d'un dix ou neuf , afin
d'assurer votre ami que vous ne pourriez
lui répondre dans cette couleur , s'il vous
attaquoit.

5. L'on peut encore risquer de jouer un

singleton. On appelle ainsi une carte seule ;
c'est le jeu, lorsque l'on n'a que de petits
atous qui ne peuvent faire de tort au joueur ;
ou bien, si on a roi, dame ou valet seul,
qui seront dans le cas de tomber sur le premier atout des adversaires, alors il est très-
avantageux d'en tirer parti en coupant ;
si l'on avoit l'as seul ; il vaudroit mieux le
jouer, ou le garder pour prendre la première
levée d'atout, que de l'employer en coupe ;
ce qui ne seroit pas bien joué.

6 Il n'est point d'usage aux adversaires
de jouer atout, étant à présumer que les
demandans sont forts en cette couleur ; cependant, il est des cas où l'on doit le faire,
comme celui où l'on se trouveroit maître
par les forts que les autres joueurs auroient
tirés ; alors c'est votre jeu de jouer les vôtres, afin de faire tomber les petits qui
restent, et jouer vos rois sans craindre la
coupe : en jouant ainsi, on est presque sûr
de faire faire une bête, par la même raison que beaucoup de personnes jouent ce
jeu avec peu d'atous.

7. Il ne faut point forcer sur la carte de
l'adversaire, lorsque votre ami est après,
parce que c'est à lui à mettre tout ce qu'il
a de plus fort, à moins que l'on n'en mette
une au-dessus des siennes ; pour lors, il
doit s'en aller d'un petit.

8. On sait qu'à ce jeu l'on ne doit pas renoncer, et celui qui le feroit, paieroit la bête de renonce : la règle est de droit; c'est aux joueurs à l'adoucir, s'ils le jugent à propos.

9. Si celui qui gagne la corbeille, ne la prend avant que l'on coupe les cartes pour le coup d'après, elle ne lui appartient plus, et il n'a aucun droit dessus ; c'est un avantage pour les joueurs, en ce qu'ils ne sont pas obligés de la remplir, n'y ayant que celui qui donne qui met quatre fiches au lieu de huit qu'il auroit fallu.

10. Des personnes désirant jouer ce jeu un peu cher, ont diminué le prix de la corbeille : c'est-à-dire qu'au lieu de vingt fiches, dont elle est composée, on la réduit à dix, quatre par celui qui donne, et une par chacun des joueurs.

11. On observe qu'en jouant avec vingt fiches à la corbeille, l'on peut perdre son panier, et au-delà, et qu'en jouant avec dix, la perte n'est pas diminuée de moitié, le paiement des levées et des autres coups de la partie étant le même.

12. Ce jeu est assez agréable, par la diversité des coups que cinquante-deux cartes occasionnent, et dont on ne pourroit donner le détail, étant formé par la circonstance : on croit en avoir dit assez, d'autant

que ceux qui connoissent le jeu de Whisk, joueront facilement celui-ci ; l'on ajoutera seulement, sans faire tort au premier, dont le mérite est connu, que le second a beaucoup plus de gaîté, tous les joueurs étant en action, les uns pour ne pas faire la bête, et les autres pour les y mettre.

LA BOUILLOTTE.

CHAPITRE PREMIER.

Manière de jouer ce jeu.

1. Ce jeu, l'un des plus usités maintenant dans les sociétés, n'a pas encore de règles bien connues : il a beaucoup d'analogie avec le Brelan, mais cependant il existe entre ces deux jeux une différence sensible, que nous ferons remarquer en établissant les principes de la Bouillotte.

2. Ce jeu se joue avec un jeu de trente-deux cartes, dont on supprime les sept, ce qui les réduit à vingt-huit.

3. On le joue ordinairement à cinq. La mise de chaque joueur est de cinq jetons, et cinq fiches valant chacune cinq jetons.

4. Pour déterminer les places, on prend dans le jeu cinq cartes, un as, un roi, une

dame , un valet et un dix ; peu importe qu'elles soient de même couleur ; on les mêle ; chaque joueur en prend une qui règle sa place.

5. Quoique l'as soit la première carte du jeu , cependant il est d'usage que ce soit le roi qui donne les cartes le premier.

6 Avant de donner les cartes , chaque joueur met un jeton au jeu , celui qui fait mettant le dernier , la personne première en cartes peut , si elle le juge à propos , *se carrer* , ce qui se fait en mettant au jeu autant de jetons qu'il y en a , plus un ; le second joueur peut décarrer le premier en doublant le jeu , plus un jeton.

7. Il y a cet avantage à être carré , que si tout le monde passe , la carre et le jeu vous appartiennent , et que si quelqu'un fait le jeu , vous parlez le dernier.

8. Lorsque le jeu est fait , celui qui a mêlé les cartes en donne trois à chaque joueur en les donnant une à une , puis en retourne une.

9. Il doit mettre le restant des cartes , qu'on appelle *talon* , à sa droite.

10. Le premier joueur à droite parle le premier , s'il n'est pas carré ; s'il a jeu suffisant , il annonce , ou qu'il voit le jeu seulement , c'est-à-dire les cinq jetons du jeu , ou qu'il voit avec telle autre quan-

tité de fiches ou de jetons qu'il lui plaît d'ajouter; s'il ne se croit pas jeu suffisant, il passe.

11. Il arrive cependant presque toujours qu'un bon joueur de Bouillotte passe avec très-beau jeu, pour laisser engager les autres joueurs et pouvoir les relancer.

12. Lorsque le premier joueur a parlé, les autres répondent successivement, soit en tenant le jeu ouvert, soit en relançant celui qui a ouvert le jeu, c'est-à-dire, en offrant de jouer plus que lui telle quantité de jetons et de fiches que détermine celui qui relance.

13. Lorsqu'il y a relance, ceux qui ont ouvert le jeu sont obligés ou de tenir, c'est-à-dire de jouer ce que l'on propose, ou de renoncer en payant autant de jetons qu'il y en a au jeu, ou autant qu'ils en ont proposé de tenir. Ils peuvent aussi eux-mêmes relancer.

14. Lorsque tout le monde a parlé, si deux ou plusieurs joueurs tiennent, chaque joueur découvre son jeu, et les deux tenans cherchent dans le jeu des autres de quoi faire le leur.

15. Celui qui a le plus fort point gagne le coup, c'est-à-dire celui qui a le plus de cartes de la même couleur, ou les plus fortes

en point ; en cas de concurrence , le premier
en cartes l'emporte.

16. Les cartes se comptent comme au piquet : l'as compte onze points, les figures
dix , et les autres cartes les points marqués.

17. L'as est la première carte du jeu , et
attire à elle les autres cartes de la couleur
qui sont sur le jeu.

18. Lorsque tout le monde passe , on recommence la donne , et chaque joueur remet un autre jeton , ce qui double le jeu.

19. Cependant si un des joueurs s'étoit
carré , le jeu lui appartiendroit.

20. Tous les joueurs au-dessus de celui
qui ouvre le jeu , peuvent revenir , quoiqu'ils aient passé , et tenir le jeu ou même
relancer.

21. Quelques personnes pensent que les
joueurs qui ont passé après celui qui a
ouvert le jeu , peuvent revenir et tenir le
jeu : c'est une erreur ; lorsqu'un des joueurs
a ouvert le jeu , tous ceux qui ont parlé ensuite ne peuvent plus rien faire.

22. Celui qui ouvre le jeu reçoit la loi de
ceux qui tiennent contre lui , c'est-à-dire ,
que si celui qui tient ne veut pas relancer
celui qui a ouvert le jeu , ce dernier ne
peut rien faire de plus que le jeu ; mais s'il
est relancé , il peut relancer lui-même.

23. Lorsque plusieurs joueurs tiennent ,

c'est au premier, après celui qui a ouvert le jeu, à déclarer ce qu'il joue, et successivement par ordre, s'il tient *sans plus*; c'est-à-dire sans vouloir jouer plus que le jeu ; celui qui lui succède peut relancer, et alors il est forcé de tenir ou d'abandonner le jeu, c'est-à-dire de donner au gagnant autant de jetons qu'il y en a sur le jeu.

24. Personne ne peut jouer plus qu'il n'a devant lui ; c'est ce qu'on appelle faire son va-tout, mais il ne gagne alors qu'autant qu'il a , quoiqu'on ait joué bien davantage.

25. Lorsqu'un des joueurs a perdu tout ce qu'il a devant lui , il se retire et fait place à un autre ; si personne ne veut prendre sa place , il reprend une nouvelle mise.

26. Le Brelan l'emporte sur les autres jeux ; celui d'as est le premier, ensuite les cartes prennent rang, comme au Piquet.

27. Il est cependant un Brelan qui l'emporte sur tous les autres; c'est le Brelan carré, c'est à-dire lorsqu'un joueur a dans sa main trois cartes semblables, trois neuf , trois dix , et que la quatrième retourne ; ce jeu l'emporte sur tous les autres.

28. Ce jeu est très-piquant , en ce que souvent avec un jeu fait, on perd contre un joueur qui n'a rien en main , mais qui trouve dans le jeu de ceux qui ont passé , de quoi faire son jeu plus fort.

29. On appelle avoir jeu fait, trente-un, vingt-un et as à la retourne ; souvent vous croyez devoir relancer avec ce jeu , il ne se trouve dans le jeu des quatre autres joueurs qu'une carte de votre couleur ; tandis qu'un autre , avec un as seul , un roi, quand l'as ne joue pas , en rencontre six; alors vous perdez le coup.

II. *Règles générales.*

1. S'il y a une carte retournée dans le jeu, on refait : cependant on continue la donne pour vérifier s'il y a des Brelans.

2. Le Brelan simple reçoit deux jetons de chaque joueur. Le Brelan carré en reçoit quatre.

3. On ne peut jouer moins que le jeu.

4. Le joueur qui a passé avant que personne ait ouvert le jeu , peut revenir contre celui qui l'ouvre , et tenir.

5. Le joueur qui a passé lorsque le jeu est ouvert, ne peut plus revenir.

6. Lorsque plusieurs joueurs tiennent , c'est à celui le plus près à la droite de celui qui a ouvert, à déclarer combien il joue, sauf la relance des autres joueurs qui tiennent.

7. Celui qui, après avoir ouvert ou tenu , ne veut pas tenir ce dont il est relancé , renonce en payant ce qu'il a joué.

5 *

8. Lorsqu'il y a un refait, c'est-à-dire lorsque tout le monde a passé, un des cinq jetons de la seconde mise, se met sous le flambeau pour les cartes.

9. Chaque Brelan simple donne deux jetons au flambeau ; le Brelan carré en donne quatre.

10. Qui se carre, met un jeton au flambeau.

11. Le second refait, en troisième donne, ne met rien au flambeau.

12. Le troisième refait, en quatrième donne, met deux jetons.

L'IMPÉRIALE.

CHAPITRE PREMIER.

Du mélange des Cartes.

Les cartes sont mêlées de façon que les adversaires ne puissent appercevoir les couleurs.

II. *Du tirage des mains, et de ses suites.*

La main, quoique tirée dans un jeu faux, est bien dûment tirée.

Celui qui, en tirant la main, ne fait pas voir la carte qu'il a tirée, ou la remet sur le talon sans l'avoir exhibée , est censé avoir tiré un sept.

La première carte qui a été vue en tirant la main, est celle qui donne ou fait perdre la primauté.

Si, en tirant la main, une carte tombe sur le tapis la couleur à découvert, elle compte.

La main est bien tirée quand même il se trouveroit des cartes retournées dans le jeu, si on ne s'en apperçoit qu'après le coup.

Si la carte tirée se trouve sur une retournée, on est obligé d'en retirer une autre ; celle tirée par l'adversaire est bonne.

Quand deux joueurs tirent une carte semblable , la main se retire de nouveau; si la carte déjà présentée par l'un d'eux est encore par lui retirée, elle ne vaut rien.

III. *De la Coupe des Cartes , et des suites.*

Lorsque la coupe n'est pas nettement faite, et qu'il y a des cartes vues, on refait.

La coupe doit être , suivant l'usage constamment reçu , par les côtés et non par les bouts du jeu.

Celui qui, au lieu de couper, remêle les cartes qui l'ont déjà été suivant l'usage par l'autre joueur, lui donne la liberté de refaire avec un autre jeu.

N. B. Ces trois chapitres sont communs à la Triomphe, au grand et petit Piquet.

IV. *De la Donne.*

Les cartes doivent être données trois par trois, ou quatre par quatre, au choix des joueurs, et l'on ne peut dans le courant d'une partie changer la façon de donner; on le peut pour la partie suivante. Si celui qui donne contrevient à cette règle, l'adversaire peut refaire; il n'a pas ce droit s'il a porté son jeu ou partie d'icelui à vue.

Lorsqu'un joueur donne deux fois de suite, la galerie peut en faire l'observation avant comme après la retourne, et le coup entamé ou à sa fin est nul de droit; si les cartes sont rassemblées, le coup est bon.

De la Maldonne.

Celui qui donne est tenu avant de retourner la carte qui doit constater l'atout, de s'assurer du talon; s'il retourne sans avoir observé cette formalité, et qu'il y ait maldonne, il perd l'avantage de faire, le coup est nul, et l'adversaire fait.

De la Retourne.

Celui qui retourne au lieu de la vingt-cinquième, la vingt-sixième ou vingt-septième carte, fait faute; son adversaire, dans ce cas , peut voir son jeu, et s'y tenir ou refaire ; s'il y tient , il fait retourner la carte qui devoit l'être.

Si la vingt-cinquième carte se trouve naturellement retournée , elle est bonne , et le coup se joue.

De celui qui regarde au Talon.

Quand un joueur regarde ou retourne une des cartes du talon , l'adversaire a le droit de s'y tenir ou de faire refaire ; mais si cette faute a lieu quand un des deux a porté son jeu ou partie d'icelui à vue , ou quand le coup est en train , on ne refait pas ; celui qui a fait cette faute est obligé de jouer , une fois seulement , de la couleur qu'on lui demande.

V. Des Objets qui font gagner un Point.

Le roi , la dame , le valet, l'as ou le sept d'atout , valent un point à celui qui les gagne , ou par la retourne , ou par les levées par lui faites : le point reconnu bon et chaque levée que l'on fait au-dessus de six , valent aussi un point ; six de ces points forment aussi une impériale qu'on marque en retirant les points qu'on a , et en faisant démarquer ceux que l'adversaire se trouveroit avoir à cette époque.

Du Point.

Le premier ne peut plus dire, je passe, le point à quatre cartes; il faut qu'il accuse au moins trois cartes, et si le dernier veut les trouver bonnes, il en est le maître.

Quand le point est une fois accusé, si l'adversaire y a répondu, on ne peut revenir pour en accuser un plus fort; et l'adversaire ayant répondu à l'accusation, ne peut de même revenir à un plus fort.

Lorsque le point reconnu bon n'a pas été mis en évidence, l'adversaire et la galerie doivent en demander l'exhibition, avant comme après plusieurs cartes jouées.

Si le point est égal, le premier en cartes l'emporte sur le dernier, et le marque.

Quand le premier en cartes ne veut accuser ni montrer aucune espèce de point, le dernier en couvrant la première carte jouée, est libre; voilà mon point, et il le marque.

VI. Des Impériales.

Les quatre rois, quatre dames, quatre valets, quatre as ou quatre sept, et les quatrièmes majeures de chaque couleur, valent une impériale à celui qui les a dans son jeu.

On ne peut, sans faire faute, accuser et montrer, avant comme après le point, les Impériales en main : mais si l'on a joué, seulement une carte, on ne peut plus les compter. La galerie a le droit d'avertir le joueur qu'il oublie de les annoncer, et montrer avant de jouer.

Celui à qui l'adversaire exhibe une Impériale de main, est tenu de démarquer les points qu'il a, excepté celui de la retourne, si c'est un marquant ; il les conserve tous, s'il a lui-même une Impériale.

Lorsqu'un joueur monte une Impériale par le point, par les marquans ou par le plus de levées, le point gagné par la retourne s'efface comme les autres.

Des Impériales blanches.

Les cartes blanches valent deux impériales, qui ont la primauté sur toutes les autres ; mais celui qui les a ne fait point effacer les points de son adversaire.

Si cet adversaire a lui-même des Impériales de rois, de dames, etc. il les marquera, sans que celui qui a les cartes blanches soit tenu de démarquer les points qu'il a ; le coup ne se joue pas, et la main passe comme s'il avoit été joué.

L'Impériale de cartes blanches compte pour ceux qui parient à l'Impériale de main. L'Impériale qu'un joueur oublie de montrer avant de jouer, compte aussi pour cette sorte de partie.

Si dans les cartes blanches, il s'y rencontre une Impériale d'as ou de sept, on la marque en sus des blanches ; mais elles ne font point aussi démarquer les points de l'adversaire, quand même il n'auroit point d'Impériale à opposer.

Du Capot.

Celui qui fait son adversaire capot, compte deux Impériales, lesquelles font démarquer les points de l'adversaire.

Lorsqu'en montrant une Impériale de main ou le point, le joueur met une carte pour une autre, l'adversaire ou la galerie doivent demander la carte annoncée.

VII. *Des Droits de la Galerie.*

La galerie est autorisée à faire marquer le jeu de celui qui, ayant annoncé ou montré son point, des Impériales ou des atous marquans, oublie de les marquer.

VIII. *De jouer avant son tour.*

Il n'y a pas de faute de jouer avant son tour ; celui qui le fait reprend sa carte : la galerie peut avertir.

IX. *De la Renonce ou sous-force.*

Comme à l'impériale on ne peut renoncer ni sous-forcer, celui qui ne fournit pas de la couleur jouée, en ayant, ou qui ne prend pas quand il peut, est obligé de le faire ; si la chose est impossible, la carte par lui fournie est bien jouée ; il ne peut la reprendre.

X. *De l'obligation de dire combien de Cartes au Point il reste en main.*

Lorsqu'un joueur dans le courant du coup demande à son adversaire combien de cartes au point, on doit lui dire : il en reste tant.

XI. *Du joueur qui peut ou ne peut pas reprendre la Carte par lui jouée.*

Celui qui joue le premier ne peut reprendre la carte par lui jouée ; le dernier ne peut pareillement reprendre la carte avec laquelle il a couvert, lorsqu'il n'en a pas une plus forte, et qu'elle est de la couleur demandée ; c'est-à-dire, que si sur un roi d'atout il met une carte marquante, pouvant fournir un dix, un neuf ou un huit, il ne peut la reprendre ; de même si sur un roi, n'importe de quelle couleur, il met la dame, pouvant y mettre une autre carte, cette dame est bien jouée.

Lorsqu'après avoir joué d'une couleur on en change, il faut le dire hautement: la carte de celui qui s'en dispenseroit est bien jouée: mais l'adversaire peut reprendre celle par lui fournie, telle qu'elle soit, et couvrir avec celle qui fait son avantage; il a ce droit, même après plusieurs levées faites.

Celui qui, pour savoir quelles cartes ont été jouées, vérifie ses levées faites, et qui au lieu d'icelles, retourne le jeu de son adversaire, quelquefois posé sur le tapis, est obligé de jouer une fois de la couleur demandée par celui dont il a vu le jeu.

XII. *Du Pari.*

Le pari au plus de levées (quand il n'y a pas de convention contraire) est pour deux coups. Celui qui a gagné le premier coup ne peut exiger moitié de la somme pariée, il faut que l'autre coup se joue. Les joueurs ont la liberté de se retirer quand ils ont gagné chacun un coup.

XIII. *Du joueur qui déchire ou jette ses cartes, ou le talon.*

Celui qui déchire son jeu de manière à ne pouvoir être constaté, ou le jette ou par terre ou dans la boîte, perd la partie seulement; mais un maître vérifie le talon;

et le jeu déchiré ou jeté étant reconnu, la partie se joue pour la galerie dont les intérêts ne doivent pas être sacrifiés.

Quand un joueur mêle son jeu avec le talon, il perd la partie ; et comme il n'est pas possible de constater les cartes qu'il avoit, on est obligé de faire subir son sort, à la galerie.

Celui qui déchire le talon , ou le jette dans la boîte ou par terre , fait faute , et l'adversaire (même après avoir vu son jeu) peut s'y tenir ou faire refaire.

XIV. *De la Partie quittée.*

Qui quitte la partie sans le consentement de son adversaire , la perd ; si la galerie s'y trouve intéressée , on la fait finir par un tiers.

LA TRIOMPHE.

Il y a plusieurs manières de jouer à la Triomphe , qui ont toutes quelque rapport ensemble, mais qui diffèrent aussi en plusieurs choses essentielles, ce qui fera qu'on spécifiera les différentes manières dont on peut y jouer. Voici la manière dont on joue à Paris.

On a un jeu de cartes ordinaires, c'est-à-dire, des cartes comme au Piquet, dont la valeur est naturelle, le roi emportant la dame, la dame le valet, le valet l'as, l'as le dix, le dix le neuf, le neuf le huit, et le huit le sept.

Ce jeu se joue un contre un, ou deux contre deux, et quelquefois même trois contre trois; lorsque l'on joue deux contre deux, ou trois contre trois, ceux qui sont ensemble se mettent d'un côté de la table, et les adversaires de l'autre côté. Ils se communiquent leur jeu de la vue seulement, bien entendu ceux d'un même parti, et jouent ensuite, suivant le rang où ls sont: enfin, soit que l'on joue de la sorte, ou un contre un, on commence à battre les cartes pour voir à qui fera; et comme c'est un désavantage de donner, celui des deux partis qui coupe la plus haute carte, ordonne à l'autre de faire, ce qu'il fait après avoir mêlé les cartes et fait couper son adversaire ou celui qui est à sa gauche; s'ils sont plusieurs, il donne à chacun des joueurs cinq cartes, et en prend autant pour lui par une fois deux et une fois trois, et ensuite tourne la première carte de dessus le talon qui fait la Triomphe, et qui reste dessus le talon.

Ensuite le premier à jouer joue telle carte de son jeu qu'il juge à propos, et dont les autres joueurs sont obligés de fournir , s'ils en ont, et de lever , s'ils en ont de plus haute ; ou de couper , s'ils ont des triomphes, en cas qu'ils n'aient pas de la couleur jouée ; et celui des deux partis qui a fait trois mains ou levées , marque un jeu , et s'il faisoit la vole, il en marque deux.

Il est loisible à l'un des partis qui a mauvais jeu, de donner le jeu à l'autre ; et si le parti contraire ou le joueur adversaire , lorsque l'on joue tête à tête , ne veut point l'accepter , il perd deux jeux , s'il ne fait pas la vole, au lieu qu'il gagne un jeu s'il l'accepte.

Voici les règles qu'on doit observer en jouant à la Triomphe.

1. Lorsque le jeu est faux , ou qu'il y a quelque carte tournée, on remêle ; les coups précédens sont bons.

2. Celui qui en mêlant donne plus ou moins de cartes à l'un des joueurs, ou enfin donne mal , perd un de ses points , s'il en a, ou le parti contraire le marque.

3. Celui qui entreprenant la vole ne la fait pas, perd deux jeux.

4. Qui joue avant son tour perd un jeu.

5. Celui qui en fournissant d'une couleur peut lever la carte jouée, et ne la lève pas, perd un jeu.

6. Qui n'ayant point de la couleur jouée

peut couper et ne coupe pas, perd un jeu, encore que celui qui a joué devant lui eût coupé d'une Triomphe plus forte que la sienne.

7. Celui qui renonce perd deux jeux ; il perd la partie quand on en est convenu en commençant.

8. Celui qui seroit surpris à changer les cartes de son jeu avec son compagnon, ou en reprendre des levées déjà faites, perdroit la partie.

9. Qui quitte avant de finir la partie, la perd.

Il y a de la science de bien conduire ce jeu, et il demande plus d'attention que l'on ne pense pour être conduit comme il faut.

La partie ordinairement est de cinq jeux ou points. L'on joue autant de parties que l'on veut.

Autre manière de jouer la Triomphe.

Cette manière de jouer ce jeu est plus connue dans les Provinces que la précedente; elle a généralement toutes les règles de l'autre, le jeu de carte en est le même, on voit de la même manière à qui fera, l'on y donne cinq, cartes également à chaque joueur, et la seule différence qu'il y a, c'est que l'on peut y jouer quatre, cinq, ou plus de joueurs, sans être pour cela les uns avec les autres,

au contraire chacun fait son jeu ; et lorsque deux des joueurs font deux levées chacun, celui qui les a plutôt faites gagne le
jeu et le marque comme s'il en avoit fait
trois.

Vous observerez que celui qui renonce
ou fait d'autres fautes, par lesquelles il doit
perdre quelque point, s'il n'en a point, les
autres n'augmentent pas pour cela les leurs;
mais lorsque celui qui a fait la faute en gagne, il ne les marque pas, jusqu'à ce qu'il
ait satisfait à ceux qu'il devoit perdre : ce
jeu est fort divertissant, et d'un grand commerce.

Autre manière de jouer à la Triomphe.

Cette manière de jouer est semblable à la
précédente, en ce que chaque joueur joue
pour soi; mais elle diffère en ce que les as
sont les premières cartes du jeu, et qu'ils
lèvent les rois; les autres cartes suivent leur
ordre naturel.

Il y a même un avantage pour celui qui
fait, c'est qu'après avoir donné les cartes
qui sont au nombre de cinq, s'il retourne
un as, il pille, c'est-à-dire, il prend cet
as qui fait la triomphe, et écarte telle carte
de son jeu qu'il juge à propos à la place.

S'il y avoit même au-dessous davantage
de cartes de la même couleur en tournant

sans interruption, il les prendroit en re-
mettant sous le talon autant d'autres cartes
de son jeu

Il en est de même, si l'un des deux qui
joue a l'as de la triomphe en main, il pille
aussi, c'est-à-dire, il prend la triomphe retournée et les cartes qui suivent, qui sont
de la même couleur, en en mettant autant
sous le talon qu'il en a pris, afin qu'il n'ait
pas plus de cartes qu'il faut dans son jeu :
on appelle cette manière de jouer à la Triomphe, jouer à *l'as qui pille*; on joue du reste
les cartes comme à la première manière, et
l'on fait la partie de tant et de si peu de
points que l'on veut.

L'on peut encore jouer le jeu de cette
manière, et sans jouer à l'as qui pille ; on
pourra diversifier et la jouer, tantôt d'une
façon, tantôt de l'autre, en se souvenant
d'avoir recours, pour les règles générales ,
aux règles qui sont dans la première manière de jouer.

LA MOUCHE.

Des rapports de la Mouche avec les autres Jeux.

Le jeu de la Mouche tient beaucoup de la Triomphe par la manière de jouer, et a quelque chose de l'Hombre, par la manière d'écarter; à la différence qu'à l'Hombre ceux qui ne font pas jouer, écartent, lorsque celui qui fait jouer a fait son écart; au lieu qu'à la Mouche tous ceux qui prennent des cartes du talon sont censés jouer.

On ne voit guère d'où ce jeu nous est venu, ni la raison pourquoi on l'a appelé de la sorte; mais comme ces connoissances ne sont point essentielles pour le savoir, nous passerons à ce qui regarde la manière de le jouer, et nous en donnerons des règles qui pourront donner du plaisir à ceux qui le joueront.

Manière de jouer la Mouche, et règles établies.

On joue à ce jeu depuis trois jusqu'à six : dans le premier cas, il ne faut qu'un jeu de cartes comme au Piquet ; plusieurs joueurs même ôtent encore les sept; et dans le second, il est nécessaire que le jeu soit composé de toutes les petites cartes, afin de fournir aux écarts qu'on est obligé d'y faire ; enfin, l'on doit , à proportion qu'on est de joueurs , laisser plus ou moins de cartes au jeu , afin qu'il y en ait toujours dans le talon (outre la carte tournée) de quoi pouvoir donner au moins trois cartes à chaque joueur, au cas que tous voulussent à la fois aller à l'écart.

On voit à qui fera , étant toujours un avantage de jouer le premier, attendu que l'on joue par telle couleur qu'on veut : après donc que l'on a vu celui qui doit mêler , et pris chacun un certain nombre de fiches ou jetons que l'on fait valoir plus ou moins , suivant que l'on veut perdre ou gagner, celui qui est à mêler donne à chaque joueur, et prend également pour lui cinq cartes , qu'il donne par deux et trois, ou trois et deux , même par cinq à la fois ; mais les autres manières sont plus honnêtes : il retourne ensuite la carte de dessus le talon, qui est celle qui fait la Triomphe , et qu'il laisse retournée sur le tapis.

Le premier à jouer , après avoir vu son jeu , est le maître de s'y tenir ou de prendre une fois seulement tel nombre de cartes qu'il veut , jusqu'à cinq , et ainsi du second , après le premier , et des autres.

Observez que celui qui demande les cartes du talon est censé jouer, comme il a été
déjà dit; on ne peut aussi jouer sans prendre, lorsqu'on a assez beau jeu sans aller
à fond; de même on ne peut point demander des cartes lorsqu'on a mauvais jeu, et
qu'on ne veut pas jouer; ce qui arrive quelquefois à un joueur qui voit que devant lui
il y en a qui se sont tenus à leurs cartes,
sans en demander, appréhendant qu'ayant
mauvais jeu, il ne leur en vienne un de
même, et qu'étant par conséquent forcés
de jouer, il ne fasse la *Mouche.*

Celui qui jouant ne fait aucune levée,
fait la *Mouche*, qui consiste en autant de
marques qu'on est de joueurs, et que celui
qui mêle met seul, et ainsi chacun à son tour.

Lorsqu'il y a plusieurs *Mouches* faites
sur un même coup, comme il arrive souvent, sur-tout lorsqu'on est cinq ou six
joueurs, elles vont toutes à la fois, à moins
que l'on ne convienne de les faire aller séparément; mais comme il s'ensuit que celui
qui mêle met toujours la Mouche qui fait
le jeu, par conséquent celui qui fait la Mouche, la fait d'autant de marques qu'il en va
sur le jeu.

Celui qui n'a pas de jeu à jouer, et n'a
ni demandé des cartes du talon, ni joué
sans prendre, met son jeu avec les écarts,

en dessous le talon, s'il n'y avoit point d'é-
cart.

Celui qui veut jouer sans aller à fond,
dit seulement : Je m'y tiens; il est censé
jouer dès-lors.

Les cartes se jouent comme à la Bête, et
chaque main qu'on lève vaut un jeton à
celui qui la fait et qui tire le jeu; quand la
Mouche est double, il en tire deux, et trois
quand elle est triple, et ainsi de suite.

Si les cinq cartes qu'on donne d'abord
à un joueur sont toutes d'une même couleur, c'est-à dire, cinq piques on cinq
trèfles, et ainsi des autres, quoique ce ne
soit point de la Triomphe, celui qui les a,
gagne la Mouche sans jouer; et c'est ce jeu
que l'on appelle la *Mouche*.

Si plusieurs joueurs avoient ensemble la
Mouche, c'est-à-dire cinq cartes d'une même
couleur, celui qui l'auroit de la couleur qui
est triomphe, gagneroit par préférence aux
autres; autrement, ce seroit celui qui auroit
plus de points à la Mouche : l'on compte
l'as qui va immédiatement après le valet
pour dix points, les figures pour dix, et
les autres cartes les points qu'elles marquent;
et si elles étoient égales en tout, la primauté
gagneroit.

Celui qui a la Mouche n'est pas obligé de
le dire, même quand on lui demanderoit

s'il la sauve ; mais si on le lui demande , et qu'il dise oui ou non, il doit accuser juste.

Si après que celui qui a la Mouche a dit : je m'y tiens, les autres joueurs vont leur train sans réflexion, il arrive alors que celui qui joue le premier montre toutes ses cartes, et gagne non-seulement la Mouche qui est au panier, mais même celles qui sont dues , et les autres joueurs font la Mouche, chacun de ce qui étoit sur le jeu.

Celui qui a la Mouche n'est pas obligé de le dire , comme nous l'avons observé ; mais il est même de l'avantage de celui qui s'est tenu à ses cartes, de laisser croire aux autres joueurs qu'il peut l'avoir : c'est pourquoi il faut, dans l'un et l'autre cas , ne rien répondre, parce que , comme nous l'avons déjà remarqué , quand on répond il faut accuser juste , et il est avantageux à ceux qui jouent d'être seuls, afin d'être moins exposés à faire la Mouche : si cependant un joueur étoit bien assuré de son jeu , c'est-à-dire qu'il eût très-beau jeu, il pourroit sauver la Mouche pour engager les autres à jouer, et faire faire par-là des Mouches à ceux qui joueroient et ne feroient point de levées.

Celui qui renonce fait la Mouche d'autant de jetons qu'elle est grosse sur le jeu ; de même, celui qui pouvant prendre sur une carte jouée, soit en mettant plus haut de la même couleur, soit en coupant ou surcoupant, ne le fait pas, fait aussi la Mouche.

Celui qui est surpris à tricher au jeu, ou qui reprend des cartes pour accommoder son jeu, fait la Mouche, et ne joue plus.

Celui qui donne mal remêle, n'y ayant pas d'autre peine pour cela ; lorsque le jeu est faux, il ne vaut rien pour le coup, mais les précédens sont bons.

Voilà la véritable manière de jouer la Mouche ; et ce jeu est très-agréable quand il est bien joué.

LE PAMPHILE.

Le jeu du Pamphile ne diffère de celui de la Mouche, qu'en ce que le Pamphile, qui est ordinairement le valet de trèfle, est l'atout supérieur en toutes couleurs, et emporte le roi. Celui qui l'a dans son jeu, reçoit de chaque joueur un jeton ou plus, selon le jeu que l'on joue; et pour lui éviter la peine de le demander, celui qui mêle est obligé de le mettre pour tous les autres, et ainsi chacun à son tour.

Si celui qui fait, en retournant la carte

de dessus le talon, tourne le Pamphile, il
lui est libre alors de le mettre en la couleur
dont il a le plus dans son jeu.

Si dans les cinq cartes qu'on donne aux
joueurs, un d'eux se trouvoit avoir avec Pamphile dans son jeu quatre cœurs ou quatre
piques, et ainsi des autres, et que la triomphe fût en l'une de ces couleurs, il ne seroit
pas censé avoir le lenturlu ou la Mouche,
étant absolument nécessaire d'avoir cinq
piques ou cinq cœurs, et ainsi des autres,
à moins que ce ne fût une convention faite
entre les joueurs avant d'entrer au jeu.
Comme les règles de ce jeu sont les mêmes
que celles du précédent, nous nous conten-
tons d'y renvoyer.

LA LOTERIE.

Voici sans contredit le jeu de carte le
plus amusant, et d'un plus grand commerce : la beauté de ce jeu consiste à jouer
dix ou douze, ou davantage même si l'on
peut, et pas moins de quatre ou cinq.

On prend pour cela deux jeux de cartes
où sont toutes les petites ; l'un sert pour
faire les lots de la loterie, et l'autre les billets.

Chacun doit prendre un certain nombre

de jetons , plus ou moins , c'est à la volonté des joueurs , et on les fait valoir ce que l'on veut.

Les conventions faites , chacun donne les jetons qu'il a pour sa prise ; et mettant tout ensemble dans une boîte ou bourse au milieu de la table , ils composent le fonds de la loterie.

Chacun étant rangé autour de la table , deux des joueurs prennent un jeu de cartes ; et comme il n'importe pas à qui les donnera , et qu'il n'y a nul avantage d'être premier ou dernier , c'est une honnêteté qu'on a pour ceux à qui on présente les cartes.

Cela observé , après avoir bien battu les cartes , et fait couper par les joueurs de la gauche qui ont les jeux de cartes , un des joueurs distribue de l'un des jeux de cartes , une carte à chaque joueur ; toutes ces cartes doivent rester couvertes , et on les appelle les *lots* ; quand ces lots sont ainsi étalés sur la table , chacun qui en a un vis-à-vis de soi , est libre d'y mettre le nombre de jetons que bon lui semble , en observant sur-tout qu'il y en ait de plus gros les uns que les autres , et d'en mettre d'égaux le moins qu'on pourra.

Les lots ainsi taxés , celui qui a l'autre jeu de cartes en distribue à chacun une ; on appelle celle-là les *billets*.

Chacun ayant pris sa carte , on tourne

les lots, et pour lors chaque joueur regarde si sa carte est conforme à quelque carte de celles qui composent les lots, c'est à-dire, que s'il retournoit un valet de trèfle, une dame de cœur, un as de pique, un huit de trèfle, un six de carreau, un quatre de cœur, un trois de pique et un deux de carreau qui seroient les lots, celui ou ceux qui auroient leur carte pareille à une de celles-là, emporteroient le lot marqué sur ladite carte.

Après quoi chaque joueur qui tient les cartes, ramasse celles qui sont de son jeu, et recommence après avoir mêlé de nouveau à les distribuer comme auparavant ; on étale les lots de même, et on les tire avec les billets, ainsi qu'on vient de l'enseigner.

Les lots qui n'ont pas été tirés restent, et sont ajoutés aux fonds de la loterie.

Cette manœuvre dure jusqu'à ce que le fonds de la loterie soit tout tiré, après quoi chacun regarde ce qu'il gagne, et le retire avec l'argent de la prise, dont le joueur qui tire la loterie doit se charger et en répondre.

Et lorsque la partie dure trop, au lieu de ne donner qu'une carte pour billet à chaque joueur, on leur en donne deux ou trois, ou quatre à chacun, l'une après l'autre, suivant qu'on veut faire durer la partie ; la grosseur des lots contribue beaucoup aussi à faire finir bientôt une partie.

Ce jeu est très-amusant, et ne donne pas un plaisir médiocre; il y a lieu d'espérer qu'il sera reçu favorablement, n'y ayant d'ailleurs nulle difficulté qui puisse empêcher d'y jouer ceux-mêmes dont la vivacité ne permet pas la moindre application, puisque tout est hasard à ce jeu; mais un hasard où l'on ne risque de perdre que fort peu de chose, et où du moins la perte est bornée à un certain nombre de marques.

LE COMMERCE.

Le jeu de cartes dont on se sert à ce jeu, est de cinquante-deux qui font le jeu entier; et les cartes y valent chacune leur valeur naturelle, à la réserve de l'as qui vaut onze, et est au-dessus du roi, le roi au-dessus de la dame, et ainsi des autres.

On ne sauroit jouer à ce jeu moins de trois, et on peut y jouer jusqu'à dix ou même douze.

Après avoir vu qui donnera, celui qui doit mêler bat les cartes qu'il fait couper par celui de sa gauche, ensuite il en donne trois à chaque joueur à la ronde, en commençant par sa droite; il lui est libre de les donner l'une après l'autre ou toutes les trois ensemble, afin, comme l'on a dit, de ne pas amuser le tapis.

Chacun a devant soi un certain nombre de jetons qu'on apprécie à ce que l'on veut, et dont chacun en met un au jeu en y entrant.

Le dessein qu'on doit avoir à ce jeu, c'est de tirer au point, ou bien avoir séquence ou tricon, et pour cela on arrange ses cartes, de manière qu'elles soient disposées à faire l'un ou l'autre de ces jeux, dont voici l'explication.

Le point est deux ou trois cartes de même couleur; le plus fort emporte le plus foible, une seule carte ne fait pas point.

On appelle séquence ce qu'on appelle au Piquet tierce, c'est-à-dire, as, roi, et dame; roi, dame et valet; dame, valet et dix; valet, dix et neuf, et ainsi des autres, en observant toujours que la plus forte emporte celle qui l'est moins.

Enfin, le tricon, c'est trois as, trois rois, trois dames, trois valets, et ainsi des autres; le plus fort gagne.

Vous observerez que n'y ayant qu'un de ces trois jeux qui puisse gagner, celui qui a le point le plus fort gagne, lorsqu'il n'y a point de séquence dans le jeu ou de tricon; de même celui qui a la plus forte séquence, s'il n'y a point de tricon; car il

faut savoir que le tricon gagne par préférence à la séquence, et la séquence au point.

Celui qui mêle à ce jeu est appellé banquier, et le talon la banque : le banquier a
plusieurs privilèges, il a aussi du désavantage, c'est ce que l'on verra à la fin de ce
traité.

On ne tourne point à ce jeu, où il n'y a
point de triomphe.

Quand les cartes sont données, le banquier met le talon devant lui, et dit : qui
veut commercer ? Le premier en carte, après
avoir examiné son jeu, dit pour argent, ou
troc pour troc, et cela dépend de lui, et
ainsi du second, troisième, etc.

Commercer pour argent, c'est demander au banquier une carte du talon à la
place d'une autre carte qu'il lui donne, et
qui est mise sous le talon, et il donne au
banquier un jeton pour cette carte.

Commercer troc pour troc, c'est changer
une carte avec celui qui est à sa droite, et
il n'en coûte rien pour cela; ainsi chacun
des joueurs l'un après l'autre, et suivant son
rang, commerce jusqu'à ce qu'il ait trouvé
ou quelqu'autre ait trouvé ce qu'il cherche.

Celui qui le premier a rencontré le point
la séquence ou le tricon, montre son jeu
et n'est point obligé d'attendre que les autres
commerçans recommencent le tour lorsqu'

est fini : et si celui qui a un certain point auquel il veut se tenir, étend son jeu avant de commercer, ceux qui viennent après lui du même tour, ne peuvent commercer, et s'en tiennent à leur jeu ; et si celui-là étoit premier, personne ne commerceroit.

Lorsque l'un des joueurs a arrêté le jeu, celui de tous les joueurs qui a le plus fort point, la plus haute séquence, ou enfin le plus fort tricon, gagne, et l'on recommence un autre coup, celui de la droite du banquier mêlant.

Voici quels sont les privilèges du banquier, et en quoi il y a avantage de faire.

Le banquier retire de ceux qui commercent pour argent un jeton pour chaque carte qu'il donne du talon.

Le banquier ne donne rien à personne, quoiqu'il commerce à la banque.

S'il arrivoit entre plusieurs joueurs que le point fût égal, lorsqu'il n'y auroit point de séquence ou de tricon, le banquier gagneroit la poule par préférence aux autres.

Le banquier qui ne donne rien pour commercer à la banque, ne laisse pas de tirer un jeton de chaque joueur qui a commercé à la banque, lorsqu'il gagne la partie.

Le banquier peut également, comme les autres joueurs commercer au troc ; il doit aussi fournir au joueur de sa gauche, qui veut commercer au troc avec lui, une carte de son jeu sans argent.

Voyons maintenant le désavantage qui se trouve à mêler ou être banquier.

Le banquier, quelque jeu qu'il puisse avoir en main, lorsqu'il ne gagne pas la poule, est obligé de donner un jeton à celui qui la gagne, parce qu'il est censé avoir toujours été à la banque.

Le banquier qui se trouveroit avoir point, séquence ou tricon, et qui avec cela ne gagneroit pas la poule, parce qu'un autre joueur l'auroit plus haut, donneroit un jeton à chacun des joueurs, à quoi les autres joueurs ne sont pas tenus.

Ainsi, l'on voit que si le banquier a de l'avantage, il arrive aussi quelquefois que, quoiqu'il n'ait rien ou peu tiré de la banque, il est forcé de donner plus de jetons qu'il n'en a reçu.

Il seroit inutile de faire un article des règles de ce jeu, qu'on trouvera répandues dans ce que nous avons dit ; il suffira de dire que lorsque le jeu est faux, ou que l'on a mal donné, ou qu'il y a quelque carte tournée , on refait.

Ce jeu, qui n'a d'ancien que le nom, la manière de le jouer étant nouvelle et plus divertissante, trouvera des partisans aussi bien à Paris que dans les Provinces ; il est de compagnie, en ce que l'on peut y jouer jusqu'à douze personnes, et de commerce, en ce que l'on n'y peut perdre qu'à proportion que valent les jetons.

L'on jouoit autrefois ce jeu jusqu'à ce que quelque joueur eût perdu son enjeu ; ce qui traînoit quelquefois trop loin , et d'autres fois on faisoit finir d'abord la partie par le malheur d'un joueur ; il convient par conséquent mieux de régler les tours comme au quadrille : on pourra donc à douze personnes jouer cinq tours , et à proportion , lorsqu'on sera moins : un tour , c'est le temps que chacun mêle une fois , et la partie durera avec des joueurs au fait du jeu , environ une heure.

MA COMMÈRE,

ACCOMMODEZ-MOI.

Ce jeu a un fort grand rapport à celui du Commerce, et quoiqu'il ne soit guère joué que par certaines gens , il ne laisse pas d'être très-récréatif, et le soin qu'on a eu de lui donner un tour nouveau, pourra engager plusieurs personnes à en faire leur divertissement, étant d'ailleurs un jeu fort aisé , et auquel on ne peut pas beaucoup perdre.

On le nomme, *ma Commère, accommodez-moi*, parce que tout l'esprit de ce jeu ne tend qu'à chercher à s'accommoder, comme on verra dans la suite.

Pour jouer à ce jeu , il faut un jeu entier, où il y ait cinquante-deux cartes.

On peut y jouer sept ou huit personnes à la fois ; chacun prend un enjeu qui est d'autant de jetons que l'on veut, et l'on fait valoir chaque jeton à proportion de ce que l'on a intention de perdre ou gagner ; l'on se règle également là-dessus pour mettre peu ou beaucoup au jeu pour celui qui gagne.

Après avoir vu qui fera , celui qui est à faire , mêle et fait couper le joueur qui est à sa gauche , après quoi il donne à chacun trois cartes l'une après l'autre , ou toutes à la fois, et ensuite il met le talon sur la table sans en tourner aucune carte , n'y ayant point de triomphe à ce jeu.

Les cartes étant distribuées , on ne songe plus qu'à tirer au point, à la séquence et au tricon ; le tricon emporte la séquence , la séquence le point, et toujours le plus fort quand il y en a deux de la même façon , emporte le plus foible , ou celui qui est premier des deux à la droite de celui qui mêle.

Vous observerez que l'as est au-dessus du roi, et qu'il vaut onze points.

Le point en ce jeu consiste à avoir en main trois cartes d'une couleur, ce qu'on appelle autrement *Flux*.

La *Séquence* est trois cartes dans leur ordre naturel, comme as , roi et dame; roi, dame et valet; cinq , six et sept ; ce qui s'ap-

pelle une tierce au Piquet, avec cette différence qu'il faut qu'au Piquet les tierces soient
d'une même couleur, et qu'il n'importe pas
à ce jeu, pourvu que les cartes se suivent.

Le *Tricon* est trois as, trois rois, trois dix,
ou trois autres cartes d'une même manière.

Pour *s'accommoder*, et tâcher d'avoir
les avantages qu'on vient de marquer,
chacun arrange ses cartes, et voulant
se défaire de celle qui l'accommode le
moins, le premier en carte la prend de son
jeu, et dit en la donnant à son compagnon
à droite : *Ma commère, accommodez-moi*,
et son compagnon lui rend à la place la
carte de son jeu la plus inutile; et s'il n'a
pas lieu d'être satisfait, il fait la même
chose à l'égard de son compagnon à droite,
et ainsi des autres, jusqu'à ce que quelqu'un des joueurs ait rencontré, auquel cas
il étale son jeu, et gagne la partie, si personne n'a pas un plus haut point que lui,
ou séquence ou tricon.

Vous observerez, comme il a déjà été
dit, que le tricon gagne par préférence à
la séquence, la séquence au point, et celui qui a la primauté l'emporte sur l'autre
en cas d'égalité.

Celui qui gagne le point tire la poule seulement ; celui qui gagne par une séquence
tire non-seulement la poule, mais encore
un jeton de chaque joueur ; et celui qui

gagne par un tricon, gagne, outre la poule, deux jetons de chaque joueur.

Il faut remarquer que souvent tous les joueurs après avoir bien promené leurs cartes incommodes, ne trouvent point à s'accommoder dès la première donne; et pour lors quand on est ennuyé de ne rien trouver de ce que l'on cherche, celui qui a fait prend le talon, et en donne une à chaque joueur qui en rend une en place, en commençant par la droite et par le dessus du talon; il met les cartes échangées au-dessous; mais il faut que cela se fasse d'un commun consentement, autrement on recommenceroit à mêler.

Lorsqu'on a pris chacun une nouvelle carte du talon, on fait le tour comme auparavant, en s'accommodant l'un l'autre, jusqu'à ce qu'un des joueurs ait attrapé le point, une séquence ou un tricon, et l'on pourroit même recommencer à en prendre du talon, si les joueurs ne s'accommodoient pas, mais cela arrive rarement : on ne fait aussi guère que deux donnes à ce jeu.

Il n'y a point d'autre peine pour celui qui donne mal que de remêler; et lorsque le jeu est reconnu faux, le coup ne vaut pas, mais les précédens sont bons; et si même le coup ou le jeu reconnu faux étoit fini, c'est-à-dire, que quelqu'un eût gagné, le coup seroit bon

LA FERME.

Quoique ce jeu soit ancien , il ne laisse pas d'être joué en beaucoup de Provinces : c'est effectivement un jeu de compagnie , puisqu'il en est plus beau lorsqu'il y a plus de joueurs : on joue jusqu'à dix ou douze à ce jeu. Le jeu de carte est composé de toutes les menues ; on en ôte cependant les huit, parce que s'ils y étoient , le nombre de seize arriveroit trop souvent, et l'on déposséderoit trop tôt le fermier ; de même on ne laisse que le six de cœur , levant les trois autres six, et parce qu'il seroit trop aisé de gagner à cause de chaque figure qui vaut six , et des dix. *Le six de cœur* est appelé par excellence *le brillant.*

Vous remarquerez que celui qui fait seize par le moyen du six de cœur, gagne par préférence à tout autre, à cartes égales ; car celui qui gagneroit en deux cartes , gagneroit au préjudice de celui qui gagne avec trois cartes ; par exemple , un neuf et un sept gagneroit sur un sept, un six et un trois ; mais lorsque le nombre de cartes est égal , celui qui a la prime gagne , à moins que, comme nous avons déjà dit , on ne fît les seize à cartes égales par le six de cœur , qui gagne la primauté.

Le fermier est un des joueurs qui prend la ferme au plus haut prix, soit à dix, à quinze et à vingt sols, et ainsi plus haut ou plus bas, selon que l'on fait valoir les jetons.

L'argent convenu pour la ferme est d'abord mis à part, et celui qui dépossède le fermier le gagne.

Celui qui est le fermier mêle toujours après avoir fait couper le joueur de sa gauche; il donne à chacun des joueurs une carte du dessus du jeu, ensuite il en donne du dessous du talon à qui en demande, en commençant également par sa droite, et chacun à son tour une carte après l'autre, autant que chacun en désire. Il est libre à celui qui a un certain nombre de points, et qui craint de passer le nombre de seize, de s'y tenir et de ne point prendre de cartes; on ne paie en ce cas rien au fermier; celui qui ayant pris une seconde carte passe le nombre de seize qui est le nombre qu'il faut pour faire déposséder le fermier, lui paie autant de jetons, qu'il le surpasse de points; par exemple: si, ayant un neuf en main, il lui arrive un dix, il paiera trois jetons au fermier, parce que dix-neuf qu'il a, surpasse seize de trois points, et ainsi des autres à mesure.

A l'égard de la valeur des cartes, elles valent tout ce qu'elles sont marquées, l'as pour un point, et ainsi des autres, et chaque figure pour dix.

Lorsqu'on a un point approchant de seize, il est bon de s'y tenir pour deux raisons; la première, que l'on ne risque pas de payer au fermier; et la seconde, que l'on peut gagner le jeton que chacun a mis au jeu, et que celui qui a le point le plus près de seize au-dessous, gagne, lorsqu'il n'y a personne qui dépossède le fermier; car celui qui dépossède le fermier gagne non-seulement le prix de la ferme, mais encore les jetons que chacun a mis au jeu.

Celui qui a dépossédé le fermier devient fermier lui-même, à moins que l'on ne soit convenu qu'on le sera toujours, ou chacun le sera à son tour; auquel cas celui qui doit être fermier prend les cartes et donne à chaque joueur, comme nous l'avons déjà dit.

Observez que chaque fermier doit mettre en lieu de sûreté le prix convenu pour la ferme, que celui qui dépossède gagne.

Il en est indemnisé au moyen des jetons que chaque joueur lui donne de surplus de seize points.

Remarquez qu'il est libre à un joueur de demander au banquier tant de cartes qu'il veut; il ne le peut qu'à son tour, et l'un après l'autre.

Lorsqu'il y a deux points égaux pour tirer le jeu, celui qui a la primauté le gagne.

7 *

Il y a une autre manière de jouer la ferme qui est moins en usage, mais qui n'est pas moins amusante.

Autre manière de jouer la Ferme.

On joue avec le même jeu de carte, mais l'on voit à qui fera, et à cette manière de jouer, celui qui tient les cartes prend pour lui, comme pour les autres, une et plusieurs cartes à son tour, s'il le juge convenable, pour parvenir au nombre de seize.

Il n'y a rien autre chose qui compose la ferme que ce qui se forme par les jetons que ceux qui passent seize paient à la ferme, au lieu qu'ils appartiennent au fermier, lorsqu'il y en a un; et ainsi celui qui gagne la ferme, gagne tous ces jetons ramassés, et le jeton que chacun a mis au jeu, et que celui qui a le point le plus près de seize, au-dessous, gagne lorsque personne ne gagne la ferme, en observant toujours que, lorsque le point est égal, celui qui a la primauté l'emporte.

Chacun fait à son tour; il y a beaucoup plus d'égalité à cette manière de jouer, on n'y prendra même pas moins de plaisir.

Il n'y a point d'autre règle à ce jeu, qui ne demande point d'ailleurs ni une grande attention, ni un silence régulier, comme la plupart des autres jeux de cartes.

LA BÊTE.

Ce jeu ne demande pas moins d'attention que de pratique, pour le jouer comme il faut.

On a, dit-on, appelé ce jeu de la sorte, à cause que, croyant souvent gagner en faisant jouer, on perd : mais je ne puis comprendre pourquoi, par un contraste si grand, on l'appelle aussi l'homme, à moins que l'on ait voulu faire entendre par-là que l'homme qui est un être raisonnable, et qui cependant se prévient en sa faveur, devient semblable à une bête, lorsqu'il est déchu des espérances qu'il croyoit bien fondées, comme lorsqu'un joueur fait jouer un jeu, et que contre son attente il le perd ; mais ce n'est pas ici le lieu de philosopher, venons plutôt à la manière dont on joue ce jeu.

L'on joue à ce jeu à trois , quatre, cinq, six et même sept personnes, et en ce cas il faut que le jeu soit composé de trente six cartes, et que celui qui mêle , tourne l'avant-dernière carte qui fait partie de celle de son jeu , laissant la dernière pour *la Curieuse*, qui est la carte de dessous tout le jeu ; mais la manière la plus belle est à cinq ; on le joue gracieusement à trois aussi.

Le jeu de cartes avec lequel on joue la

bête, lorsque l'on joue à sept, est de trente-six cartes, comme il a été déjà dit, qui sont depuis le roi jusqu'au six : il est le même lorsque l'on joue à six ; mais lorsque l'on joue à cinq, il est de trente-deux comme le jeu de Piquet, et à quatre et trois, il est de vingt-huit, parce que l'on ôte les sept.

Le roi emporte la dame, la dame le valet, le valet l'as, l'as le dix, ainsi des autres.

Après avoir tiré les places, celui qui a le roi, mêle, ou on voit à qui mêlera ; lorsque chacun a pris un certain nombre de fiches et de jetons qui composent la prise ou enjeu, et que l'on fait valoir tant et si peu que l'on veut, on règle également le nombre de tours que l'on a dessein de jouer ; ensuite celui qui est à mêler bat les cartes, et après quoi fait couper le joueur de sa gauche ; il en distribue cinq à chaque joueur qu'il donne par deux fois deux, et par une ensuite, ou bien par deux et trois, ou trois et deux, ou bien enfin par deux et par une ensuite : et après cela deux encore ; cela dépend de la volonté de celui qui donne, mais il doit donner tout le long de la partie de la même manière qu'il a commencé.

A la bête, il y a de l'avantage à être le premier à jouer.

Après que celui qui mêle a donné cinq cartes à chaque joueur, et qu'il en a pris autant pour lui, il tourne la première carte du dessus du talon, qu'il laisse retournée sur ledit talon au milieu de la table, et c'est cette carte retournée qui fait la triomphe.

Pour jouer avec règle à la bête, on a une assiette d'argent, d'étain ou de faïence retournée, n'importe, et chacun commençant, met une fiche devant soi, dont une partie est sous l'assiette, et partie dehors, et avec cela deux jetons, un qui fait le jeu, et l'autre que celui qui a le roi de triomphe gagne, encore qu'il ne joue pas, pourvu que le coup se joue, et celui qui mêle en met un troisième; c'est à ce jeton que l'on connoît celui qui a mêlé. Lorsque quelqu'un gagne, il tire ces jetons, avec une fiche seulement, et ainsi des autres, jusqu'à ce que toutes les fiches soient tirées, après quoi chacun en remet une autre, et c'est ce qu'on appelle un tour. Ces coups, où toutes les fiches sont mises à la fois, se tirent différemment par ceux qui, ayant fait jouer, gagnent; et celui qui faisant jouer, fait toutes les levées, gagne non-seulement le jeu, mais encore tout qui est sur le jeu, même les fiches et les bêtes qui sont faites, encore qu'elles n'aillent pas sur le coup, et il retire aussi un jeton de chaque joueur; il ne risque cependant rien de l'entreprendre, puisqu'il n'y a aucune peine que le chagrin de ne pas la faire, lorsque l'ayant entreprise, il ne la fait pas.

Et lorsque celui qui fait jouer ne gagne

pas, il fait la bête d'autant de jetons qu'il auroit pu gagner ; par exemple : si le coup étoit simple, celui qui feroit la bête lorsque l'on est cinq joueurs, la feroit d'onze jetons, parce que la fiche et le jeton que chacun met devant soi pour le jeu, en font dix, et le troisième jeton que celui qui mêle met, en fait l'onzième.

On ne parle point de celui que chacun met au-dessus de l'assiette ; celui qui a le roi de triomphe le tire, à moins que celui qui a le roi ne fasse jouer le coup et le perde, auquel cas le roi resteroit, sans que personne le tirât.

Lorsqu'un des joueurs a tiré le roi, chaque joueur doit mettre un jeton sur l'assiette pour le roi du coup suivant.

Toute bête simple doit aller sur le coup où elle a été faite ; de même s'il en faisoit deux d'un coup ou davantage, comme il arrive souvent, elles doivent aller ensemble, et les bêtes doubles, ou qui sont faites sur d'autres bêtes, doivent aller sur les coups suivans, en commençant toujours par les plus grosses. Lorsqu'il y a une bête qui va sur le jeu, les joueurs ne mettent point de jetons pour le jeu, excepté celui qui mêle, qui met toujours un jeton devant lui ; et celui qui gagne le jeu, lorsqu'il y a une bête double dessus, gagne, outre la bête qui va, une fiche qu'il tire, et les jetons qui se trouvent, soit par les donnes ou autrement ; de même lorsqu'il fait la bête sur ces coups, on l'augmente de la fiche et des autres jetons qu'il auroit pu gagner.

Celui qui joue doit pour gagner faire trois mains, ou bien les deux premières, c'est-à-dire, être le premier à faire deux mains, autrement il feroit la bête ; quand on dit les deux premières, on entend qu'aucun des autres joueurs n'en fait trois, car s'il en faisoit trois, encore que celui qui fait jouer eût fait les deux premières, il feroit la bête.

Il arrive quelquefois qu'un des joueurs faisant jouer, ayant ou croyant avoir assez beau jeu pour cela, n'empêche pas qu'un autre joueur qui le suit ne puisse jouer s'il a un jeu assez beau pour pouvoir gagner contre tous ; je dis contre tous, parce que pour être reçu à jouer de la sorte, il faut qu'il fasse *contre*, et il est de l'avantage de tous les joueurs de faire perdre le contre, parce qu'il perd la bête double lorsqu'il perd, au lieu que celui qui a joué d'abord ne la fait qu'à l'ordinaire ; remarquez qu'il faut avoir un très-beau jeu pour faire contre, et l'on n'est plus reçu à faire contre dès qu'on a jeté une carte de son jeu sans le dire.

Il est de la prudence des joueurs de jouer de sorte à faire prendre celui qui fait jouer, en jouant de façon à le faire surcouper, ou se défaisant à propos de ses bonnes cartes, comme des rois , des dames , etc. Lorsque l'on a pas jeu à faire perdre, il faut cependant ne s'en défaire que lorsque l'on n'est point en danger de la vole , car en ce cas il faut garder tout ce qu'on croit pouvoir l'empêcher.

Lorsqu'il est joué d'une couleur , on est obligé d'en jouer, si on a de la même couleur ; sinon , il faut la couper d'une triomphe , et même d'une plus forte , en cas qu'on le puisse , que celui qui l'auroit de même déjà coupée , autrement ce seroit faire une faute; mais si la carte à laquelle on a renoncé est coupée d'une triomphe plus haute que celle qu'on a , on peut se défaire de telle carte de son jeu que l'on jugera le plus à propos pour l'avantage du jeu.

Quoique nous ayons expliqué le jeu d'une manière assez claire, pour faire entendre de quelle façon on demande à jouer, cependant pour ne rien laisser de douteux , nous dirons que, lorsque celui qui est premier à jouer, a vu son jeu, s'il a jeu à jouer, il dit: je joue ; ou, sans rien dire, joue par telle carte de son jeu que bon lui semble , et le reste du jeu se joue de la manière dont on a déjà si souvent parlé, qui est que celui qui fait la levée, rejoue jusqu'à ce que le coup soit fini , où l'on voit par les levées que chacun a , si celui qui a fait jouer a gagné ou fait la bête.

Et si le premier en carte n'ayant pas beau jeu ne vouloit pas jouer, il diroit, je passe;

le second qui auroit vu son jeu , diroit suivant son jeu, ou je joue, ou je passe , et ainsi des autres; et si quelqu'un d'eux faisoit jouer , le premier en carte commenceroit à jouer par telle carte qu'il voudroit.

Remarquez que , d'abord qu'on a dit , je passe, on ne sauroit y revenir pour jouer, de même lorsqu'on a dit je joue , pour passer.

Lorsque tous les joueurs ont vu leur jeu , et que chacun a dit , passe, il dépend de chaque joueur d'aller en curieuse.; c'est en mettant un jeton au jeu , faire retourner la carte qui est à fond , et qui devient la triomphe. La première tourne étant annulée , et celui ou ceux qui ont été en curieuse, peuvent faire jouer à la couleur de la curieuse : comme la curieuse est égale pour tous les joueurs , on doit l'admettre , étant d'ailleurs un agrément de ce jeu; mais on doit se contenter d'en tourner une.

On joue du reste le coup comme on l'auroit joué d'abord.

Nous avons dit au commencement de ce Traité que celui qui avoit le roi de triomphe retireroit les jetons qui sont sur l'assiette , qu'on appelle simplement le roi ; il reste à dire que celui qui tourne un roi , tire ces jetons de dessus l'assiette , comme s'il avoit le roi, pourvu toutefois , en l'un et en l'autre cas , que le jeu se joue ; car autrement le jeu resteroit dans le même état.

La vole, comme nous avons déjà dit, tire, non-seulement tout ce qui est à l'assiette, mais encore les bêtes qui ne vont pas sur le coup, et un jeton de chaque joueur; de même celui qui fait la *dévole*, c'est-à-dire, qui faisant jouer ne fait point de levées, double tout ce qui est sur le jeu, fait autant de bêtes qu'il auroit pu en gagner, et donne à chaque joueur un jeton.

Il reste à dire que, pour faire jouer, il faut avoir un jeu dont on puisse attendre trois mains, ou au moins deux mains bien assurées, qu'il faut en ce cas se hâter de faire, afin de les avoir premier; l'expérience apprendra dans peu de temps quels sont les jeux que l'on peut et doit jouer; les suivans sont de règle.

Dame, valet et neuf de triomphe, et un roi.

Valet, as et dix de triomphe : une dame et valet d'une même couleur.

Roi et as, un roi et renonce.

Roi et dame de triomphe, sans renonce ou avec renonce.

Dame, dix et neuf, et un roi.

Roi, as et neuf, et semblables qu'on peut perdre, mais que l'on gagne ordinairement, lorsque l'on joue trois personnes seulement, et même quatre; on peut le jouer à moindre jeu.

Celui qui renonce fait la bête; celui qui donne mal paie un jeton à chacun, et refait ; lorsque le jeu de cartes est faux, le coup où il est trouvé faux ne vaut pas ; les précédens sont bons.

Voilà tout ce que l'on peut dire du jeu de la Bête, dont on trouvera toutes les règles expliquées dans ce Traité, et que l'on jouera avec plaisir si l'on s'y conforme.

LA BELLE,

LE FLUX ET LE TRENTE-UN.

Ce jeu est très-divertissant et d'un grand commerce ; on y peut jouer plusieurs personnes ; le jeu de cartes doit être de cinquante deux, c'est-à-dire, il doit y avoir les petites.

Il faut, pour jouer ce jeu, avoir trois corbillons que l'on met de rang sur la table ; l'on met dans l'un pour la belle, dans l'autre pour le flux, et dans le troisième pour le trente-un, et l'on y met ce que l'on est convenu. L'on peut fixer la partie à tant de coups ; trente, quarante, plus ou moins, comme l'on veut ; après quoi l'on voit à qui fera : il n'y a point d'avantage à faire, puisque lorsque la belle ou le flux, ou le trente-un sont égaux entre deux joueurs, il reste pour le coup suivant qui est double.

Celui qui doit mêler ayant fait couper à celui de sa gauche, donne à chacun des joueurs d'abord deux cartes à l'ordinaire, et ensuite une troisième qu'il retourne à chacun ; et celui qui a la plus haute carte des retournées, gagne la belle, et tire par conséquent ce qui est dans le corbillon.

Vous observerez que, quoique l'as vaille onze pour le trente un, il est au-dessous du roi, de la dame et du valet pour la belle.

Après avoir tiré la belle, chacun regarde dans son jeu s'il a le flux, c'est-à-dire, s'il a trois cartes de la même couleur, et celui qui l'a plus fort ; l'as vaut pour le flux onze points et sert à le faire gagner : et lorsque personne n'a le flux, on le remet au coup suivant, en l'augmentant si l'on veut.

Enfin, après que la belle et le flux sont tirés, on en vient au trente-un, et chacun examinant son jeu, et après avoir compté en lui-même les points qui le composent, s'il approche de trente, et que, selon la disposition des cartes, il craigne de passer trente-un, il s'y tient, sinon il en demande ; et celui qui a mêlé, en donne du dessus à chacun qui lui en demande selon son rang, en commençant par sa droite.

On ne donne qu'une carte à chacun des joueurs qui en demandent, et on ne recommence à donner que lorsque le tour en est fait ; celui qui mêle peut en prendre à son tour, lorsqu'il trouve avantageux pour son jeu d'aller à fond.

Lorsque les joueurs qui ont été à fond, ou qui, sans y aller, ont au-dessus de trente-un pour le point, ils ne sauroient gagner ; mais celui des autres joueurs qui a trente-un, ou si personne n'a ce point justement, c'est celui qui a le plus proche de trente-un qui gagne ; ce qui fait que, lorsque l'on a vingt-huit, vingt-neuf, ou trente, on s'y tient, sans hasarder de prendre une carte qui pourroit porter le point au-dessus des-dits trente-un.

Lorsqu'il y a plusieurs trente-un, c'est celui qui l'a le plutôt qui gagne ; c'est pourquoi celui qui a trente un doit avertir dès qu'il l'a ; et si deux ou plusieurs l'avoient dans un même tour, on renverroit le coup au jeu suivant ; on feroit de même d'un point plus bas, et qui seroit égal, s'il étoit le point gagnant. Voilà la manière dont on joue ce jeu qui n'a rien que de fort aisé.

REGLES

DU JEU DE LOTO.

Pour jouer le Loto, il faut avoir vingt-quatre Tableaux, sur chacun desquels sont écrits quinze numéros.

Chaque joueur choisit au hasard deux de ces Tableaux et paie une mise, dont les joueurs conviennent entr'eux avant que de commencer le jeu.

Ceux qui veulent prendre quatre ou même six Tableaux, le peuvent, en payant une mise double ou triple.

Lorsque le nombre des joueurs est trop considérable pour que chacun ait deux Tableaux, ceux qui ne prennent qu'un Tableau ne paient que la moitié de la mise. Si le nombre des joueurs n'est pas suffisant pour prendre tous les Tableaux, ceux qui restent sont mis de côté et deviennent inutiles, jusqu'à ce que quelques nouveaux joueurs se présentent pour les prendre.

Si quelqu'un des joueurs est mécontent d'un ou plusieurs de ses Tableaux, il lui est permis de les changer avec ceux qui n'ont été choisis par aucun des joueurs; de même si deux joueurs sont mécontens, ils peuvent les changer entr'eux.

Toutes les mises données par les joueurs en choisissant leurs Tableaux, doivent être réunies dans un panier ou soucoupe placés sur la table du jeu.

On place au milieu de la table une certaine quantité de jetons proportionnée au nombre de Tableaux choisis par les joueurs, et que chacun puisse prendre facilement : les joueurs conviennent entr'eux de la va-

leur de ces jetons ; elle doit être proportionnée à la valeur de la mise.

Alors on prend sur la totalité de ces mises
une somme suffisante pour payer à la fin du
jeu tous ces jetons, et on la met en reserve
sans y toucher avant la fin de la partie.

Tous ces préliminaires sont indispensa-
bles avant le premier tirage qui se fait ainsi :

On doit avoir dans un petit sac, qui s'ouvre et qui se ferme aisément, quatre-vingt-
dix boules numérotées, depuis un jusqu'à
quatre-vingt-dix.

Avant que de commencer à tirer, on doit
compter les boules, afin de s'assurer que
leur nombre est complet.

Ensuite un des joueurs remue le sac, afin
de mêler les boules, en tire successivement
dix, en annonçant à chaque boule quel est
le numéro qui sort.

A mesure que chaque numéro est annoncé à chaque joueur, il examinera si ce numéro se trouve sur ses Tableaux, et, s'il s'y
trouve en effet, il prend un des jetons qui
sont au milieu de la table, dont il couvre le
même numéro qui est sur un de ses Tableaux.

Si ce numéro se trouve répété sur plusieurs de ses Tableaux, il prend autant de
jetons que ce numéro se trouve répété de
fois, et couvre le numéro avec un jeton
par-tout où il se trouve répété : chaque
joueur en fait autant sur ses Tableaux, jus-

qu'à ce que le tirage des dix boules soit
entièrement fini.

Lorsqu'il reste des Tableaux vacans, il
peut sortir des numéros qui ne se trouvent
sur aucun des Tableaux pris par les joueurs
s'il sort un de ces numéros, alors aucun des
joueurs ne peut prendre des jetons pour
marquer ces numéros : ils peuvent convenir
entr'eux de retirer du sac la boule sur laquelle ce numéro est écrit, jusqu'à ce que
quelques nouveaux joueurs prennent tous
ou quelques-uns de ces Tableaux.

Le Tireur doit avoir à côté de lui une pa-
lette, sur laquelle sont dix cavités destinées
à recevoir chacune des dix boules à mesure qu'il les tire du sac, et où il les place, de
façon que chaque joueur puisse voir les numéros qui sont sortis.

Lorsque les joueurs ont marqué sur leurs
Tableaux les numéros qui leur sortent, ils
observent, si dans chacun de leurs Tableaux
pris séparément, il n'est pas sorti deux ou
plusieurs numéros sur la même ligne horizontale.

S'il n'est pas sorti plus d'un numéro dans
chacune des trois lignes horizontales de chaque Tableau, alors chacun des numéro
gagne seulement le jeton avec lequel il a
été couvert : c'est ce qui s'appelle gagner
par Extrait.

Si dans un Tableau il est sorti deux numéros sur la même ligne horizontale , alors le joueur gagne un Ambe, et on lui paie cinq jetons, outre les deux jetons dont les deux numéros étoient couverts , et que le joueur garde pour lui.

S'il est sorti trois numéros sur la même ligne horizontale , alors le Tableau gagne un Terne, et l'on paie au joueur vingt-cinq jetons, outre ceux dont les trois numéros étoient couverts.

S'il est sorti quatre numéros sur la même ligne, le Tableau gagne un Quaterne, et l'on paie au joueur cent jetons.

Enfin, si les cinq numéros de la même ligne étoient sortis dans ce tirage, alors le Tableau gagneroit un Quine, et l'on paieroit au joueur deux cents cinquante jetons.

Il faut observer que tous les jetons qui ont été destinés à couvrir sur quelqu'un de ces Tableaux les numéros sortis, appartiennent au joueur, quelque soit le paiement qu'on lui fasse d'ailleurs pour ces mêmes numéros.

Pour ne pas multiplier à l'excès le nombre des jetons, lorsque le paiement est long à faire, au lieu de payer avec des jetons, on paie avec de l'argent des mises placées, comme il a été dit, sur la table, dans un panier ou soucoupe.

Lorsque tous les paiemens sont faits, chaque joueur retire de son Tableau les jetons dont il l'a couvert pendant le tirage;

8

il les fait payer sur l'argent des mises, s'ils sont en nombre suffisant, ou les garde pour en demander le paiement, lorsqu'il le jugera à propos.

Alors celui qui fait le tirage, remet dans le sac les dix boules déjà tirées, ferme le sac, et le passe à son voisin à droite, qui remue le sac, mêle les boules et en tire dix de la même manière qu'a été fait le premier tirage ; le sac fait ainsi successivement le tour de la table, en allant de gauche à droite, et chacun des joueurs tire les boules à son tour.

Chaque fois que la totalité des mises est épuisée, ou se trouve insuffisante pour le paiement des numéros sortis, chaque joueur remet au panier une nouvelle mise proportionnée, comme la première, au nombre des Tableaux qu'il a devant lui.

Lorsque l'on se dispose à finir le jeu, les joueurs conviennent d'avance entr'eux de ne plus faire qu'un certain nombre de tirages.

Au dernier tirage, chacun des joueurs marque avec un jeton, comme au tirage précédent, chacun des numéros qui lui sortent ; mais les tirages cessent aussitôt que le nombre des jetons qui sont sur la table est épuisé. Alors on paie avec l'argent des mises les numéros sortis, commençant par le joueur placé à droite du Tireur, et continuant ainsi jusqu'à ce que la totalité des mises soit épuisée ; si elle ne suffit pas pour payer tous les numéros sortis dans ce tirage, les joueurs les plus éloignés de la droite du Tireur ne sont point payés, ce qui s'appelle faire banqueroute.

Les paiemens ainsi finis, chaque joueur réunit aux jetons qu'il avoit déjà devant lui, ceux qui se trouvent sur ses Tableaux, et se fait payer la valeur de ses jetons avec l'argent, qui, dès le commencement de la partie, a été mis en reserve pour cet objet.

RÈGLES
DU JEU DE DOMINO.

Ce n'est pas tant pour parler des principes de ce jeu que pour en établir des règles, que ceci est entrepris. Il est sans doute important, pour éviter des difficultés, qu'il en existe : celles qui suivent sont celles adoptées par des gens réfléchis, et c'est d'après eux que je les mets au jour.

Avant de commencer une partie quelconque, il est nécessaire de savoir qui doit poser le premier, parce que c'est un avantage.

1. Il reste donc pour chose décidée, qu'il faut que chaque joueur prenne un dé, et celui qui a le plus fort pose le premier ; si les dés sont égaux, il faut tirer

de nouveau, et celui qui a le plus fort se place où il veut, ainsi de suite, à droite.

2. A la partie au Piquet voleur, pour savoir à qui sera ensemble, il faut tirer chacun un dé ; les deux plus forts dés sont ensemble, et les plus foibles ensemble : comme l'avantage est de poser le premier, quand les deux forts dés sont égaux, les joueurs peuvent exiger qu'ils prennent un dé de nouveau, afin de savoir à qui posera.

3. A la partie à douze dés, ou moins, même jusqu'à six, qui a pris un dé de moins, perd la partie ; pour cela, il ne faut pas attendre que le coup soit fini, il faut avoir posé chacun un dé, le faire voir, et finir cette partie.

4. A toutes les parties, qui a pris un dé de plus le garde, et même plus.

5. A la partie à quatre, à chacun six dés, qui a pris un dé de moins, on le force d'en reprendre un au talon. Cette règle devient plus douce que celle ci-devant ; mais c'est qu'on s'apperçoit plus promptement qu'un joueur n'a pas son compte, ne devant rester que quatre dés au talon.

6. La main coule, lorsque celui qui a posé a pris un dé de moins ; mais elle ne coule pas, quand ce n'est pas lui qui pose.

7. Celui qui doit poser doit retourner les dés et les battre, et chaque joueur peut aussi les battre.

8. Lorsque les joueurs prennent leurs dés, si en les prenant un dé est vu, il faut rebattre; mais si un joueur, en retournant ses dés, en découvre un, on ne doit pas refaire.

9. Celui qui boude sur un dé, à telle partie que ce soit, perd la partie si l'adversaire l'exige, ou fait au moins ce qu'il veut; c'est-à-dire, fait poser ou ne pas poser à un bout ou à un autre.

10. Dans telle partie que ce soit, dès qu'un dé est couvert, ou dès qu'un joueur a joué à l'autre bout, les dés ne se relèvent point, et la partie est bonne, quand même le dé n'iroit pas.

11. Celui qui pose premier doit laisser prendre les dés à ses adversaires avant d'en prendre.

12. Un dé présenté sur un bout, s'il n'y va pas et qu'il aille à l'autre bout, doit être posé.

13. Ce jeu doit être joué sans annoncer son dé en le posant; mais si on l'annonce avant que de le poser, et qu'ensuite on en présente un autre, on peut exiger que le dé annoncé soit posé.

14. A telle partie que ce soit, les joueurs doivent laisser leurs dés sur la table.

15. Un jeu peut être fermé, quand cela plaît à celui qui le peut.

16. Si un joueur dit qu'il boude, que par ce moyen le jeu se trouve fermé, ou

que l'on joue encore, et qu'ensuite il présente son dé sur un autre bout, la partie doit être finie à l'instant ; et si c'est à la poule qu'on joue, il en séra quitte pour payer à chacun une mise ; si c'est au Piquet voleur, il paiera la partie pour lui et pour son partenaire ; si c'est un tête à tête, il perdra la partie, ainsi qu'à toutes autres parties.

17. Quand un joueur prend ses dés, il doit les prendre devant lui, et prendre son compte juste ; et s'il lui arrive d'en prendre plus, et qu'il fasse mine, étant devant lui, de les choisir sans être retournés, il gardera ceux qu'il aura pris de trop, ou un joueur lui retirera ce qu'il a de trop.

18. Tous les dés découverts doivent être posés sur le coup, s'ils vont.

19. Les dés du talon doivent toujours être à la droite de celui qui pose.

20. Si un joueur dit qu'il boude, et qu'à l'instant il s'apperçoive qu'il a du dé, il doit poser, si celui qui est sous sa main n'a pas posé ; et s'il a posé, il pourra par la suite poser ce même dé

21. Au Piquet, il pourroit arriver qu'un joueur, pour faire voir à son partenaire qu'il a un certain dé, pose ce même dé, quoiqu'il n'aille pas ; alors les adversaires peuvent empêcher que le partenaire de celui qui a découvert son dé ouvre ce

dé : si cependant c'étoit un dé forcé, ils
ne pourroient pas faire bouder.

22. Toutes les fautes seront personnelles,
et un partenaire n'en souffrira point ; il ne
pourra même rien gagner, mais il ne pourra
perdre.

23. Quand le jeu se trouve fermé, celui
qui a le moins de points gagne ; et lorsqu'il y a un même point entre plusieurs,
excepté le poseur, celui qui est le plus près
de la droite de celui qui a posé, gagne.

24. Un joueur qui demande qui a posé
premier, ou quel est le dé qui a été posé
premier, ne peut exiger qu'on le lui dise.

25. Si un joueur fait découvrir les dés
de son adversaire, l'adversaire peut faire
rebattre, tel nombre de dés qu'il puisse
lui rester ; mais la main ne coule pas : cela
s'entend seulement dans le tête-à-tête.

26. Un joueur ne doit point recevoir de
conseils ; mais cependant s'il arrivoit qu'un
spectateur en donne un sans qu'il lui soit
demandé, les joueurs ne pourroient empêcher que le dé désigné ne soit posé,
parce que ce seroit faire tort à celui qui a
seulement réfléchi pour poser, ayant pu,
sans qu'on le lui dise, poser le même dé
que ce spectateur a désigné.

FIN.

TABLE
DES JEUX.

FIN DE LA TABLE.